花粉知道
谁是凶手

FBI法医生态学家破案手记

[英]帕特里夏·威尔特希尔 —— 著

牟文婷 —— 译

中国出版集团　现代出版社

版权登记号：01-2021-0969

图书在版编目（CIP）数据

花粉知道谁是凶手：FBI法医生态学家破案手记 /
(英) 帕特里夏·威尔特希尔著；牟文婷译. —— 北京：
现代出版社，2020.11（2021.5重印）

ISBN 978-7-5143-8914-2

Ⅰ.①花… Ⅱ.①帕… ②牟… Ⅲ.①法医学－普及
读物 Ⅳ.①D919-49

中国版本图书馆CIP数据核字（2020）第218836号

花粉知道谁是凶手：FBI法医生态学家破案手记

著　　　者　　〔英〕帕特里夏·威尔特希尔
责任编辑　　姜　军
出版发行　　现代出版社
地　　　址　　北京市安定门外安华里504号
邮政编码　　100011
电　　　话　　(010) 64267325
传　　　真　　(010) 64245264
网　　　址　　www.1980xd.com
电子邮箱　　xiandai@vip.sina.com
印　　　刷　　天津鑫旭阳印刷有限公司
开　　　本　　880 mm×1230 mm　1/32
印　　　张　　9.5
字　　　数　　193千字
版　　　次　　2021年3月第1版　2021年5月第2次印刷
书　　　号　　ISBN 978-7-5143-8914-2
定　　　价　　49.00元

我能从你鞋上沾到的微粒，

判断出你曾去过什么地方。

推荐序

　　我的职业是一名犯罪现场的痕迹检验师，主要工作就是负责现场取证。当前国内外法庭科学发展日新月异，各学科知识也逐渐被采纳，用于寻找现场证据。因工作需要，法医植物学也成为一门我们必须掌握的学科。

　　犯罪现场作为一个独立的三维空间，嫌疑人作案后留下的任何物证，无论是指纹、足迹、工具痕迹、枪弹痕迹这些常规物证，还是昆虫、雨水、泥巴、植物这些特殊物证，都可以为现场（尤其是户外现场）勘查提供强有力的支撑，而法医植物学在这时就起到了至关重要的作用。我曾在系列小说《尸案调查科》中写了很多关于利用植物学破案的知识点，比如利用树木的外皮特征、木射线特征、管孔特征、髓心特征以及年轮特征来判断植物的种属，并以此推测嫌疑人的伐木范围。除此之外，还有植物 DNA、树皮纹的利用等。

　　在了解花粉如何帮助破案之前，我们要先搞清楚它的一些特性。花粉是种子植物的微小孢子堆，成熟的花粉粒实为其小配子体，能产生雄性配子。花粉由雄蕊中的花药产生，通过各种方法到达雌蕊，使胚珠授粉。由于具有体积小、数量大、传播广、易保存、形态多的特点，花粉在证据学中也被称为"花粉指纹"，对于刑事勘查有着至关重要的作用。

　　目前我们国家的刑事科技对于花粉物证的研究主要分为三个方

面：一是对于植物花粉形态特征的研究，主要是检验花粉的对称性、大小、形状、萌发器官等；二是对于植物花粉壁及内外构造的研究，如检验内壁的层次、外壁的结构及纹理等；三是对于不同环境下，花粉种类的提取、腐蚀等特殊情况的研究。

通过以上分析，我们不难发现花粉可以为侦查破案提供许多帮助，在此简单举两个例子：

1. 有利于缩小侦查范围、确定作案地。因外界环境不同，植物种类也会不同，倘若在背阴处发现尸体，而尸体上却有向阳植物的花粉，便可以缩小侦查范围，并根据此线索找到第一现场和作案地。

2. 有利于确定凶手的作案时间和受害者的死亡时间。这是利用了花粉在不同时间、不同地域植被区含量的变化特征。因植物的开花结果遵循一定的季节规律，一旦在尸体上发现了某种植物的花粉，便可以据此确定时间信息。

在现实的侦查破案中，花粉证据的分析与检验往往能起到十分关键的作用，尤其对于难以进行现场取证的移尸案件、碎尸案件、无名尸案件和涉及地域范围广泛的贩毒案件来说，甚至会让案情峰回路转。但在我们国家的现实情况中，从事花粉研究工作的专家较少，经费有限，设备不足，相关专业研究也非常少。《花粉知道谁是凶手》这本书的引入，势必会给这个学科领域添上浓重的一笔。

九滴水

2021 年 3 月 20 日

目 录

·第一章
法医生态学

法医生态学的研究范围非常广泛，涉及跨学科知识。其包括植物学；孢粉学（对花粉、孢子和其他微观实体的研究）；真菌学（对真菌的研究）；细菌学；昆虫学（对昆虫的研究）；寄生虫学；人类、动物和植物解剖学；土壤和沉积物科学；统计学和许多其他"学科"。

请你想象一下这样的场景。在寒冷冬季里一个阳光明媚的早晨，你正在森林里漫步，踩着松软的土地，呼吸着新鲜的空气，感受着温暖的阳光。突然，你在不远处的空地上看到了一些奇怪的东西。或者你在遛狗时（许多故事都是这样开始的），你的小狗突然汪汪叫着冲进了灌木丛。当你穿过灌木丛想要捉住它时，突然有一种不祥的预感，然后，你往地上看了一眼，一幅令人毛骨悚然的画面就呈现在你眼前——在小狗正疯狂刨着的土坑里，露出了一只苍白的手。这样的画面在腐烂枝叶的映衬下尤为刺眼。

　　过去，想要从这种案件里找到凶手，我们只能通过证人的证词或被告的供词。如果是在没有任何线索的情况下，这种案件基本上会成为一个无头案，我们找出嫌疑人的可能性非常小。但随着时代的进步，法医检测水平也在不断提高。

　　我们都知道指纹，专家甚至在史前陶器上发现了指纹。古代的中国人和亚述人使用指纹来确定黏土制品及文件的归属。1858年，威廉·赫歇尔爵士在担任英国驻印度行政官员时，要求民事合同上必须同时具有指纹和签名。19世纪晚期，指纹分析的权威逐渐被树立起来。1882年，法国人类学家阿方斯·贝蒂荣在进行人类变异研究时，定期在卡片上记录指纹。1891年，阿根廷警方已经开始对罪犯进行指纹识别。此后，指纹识别技术得到了飞速发展。1911年，美国法院也正式承认了指纹识别的法律效力。

20世纪90年代，随着DNA指纹图谱技术的发展，法医检测水平又一次获得了巨大的提高。与指纹识别一样，通过DNA指纹图谱技术，只需得到血液、精液、体细胞或毛发样品，就可以确定个体的独特印记。该方法显示了法医鉴定工作对侦破案件的重要性，它使识别未知受害者变得更加容易，比如鉴别冬天树林里的无名尸体；或将嫌疑人与犯罪现场联系起来。毫无疑问，这是法医学侦破史上的重大时刻。这些技术的提高使可能会逍遥法外的杀人犯最终难逃法律的制裁，使可能会再次犯案的强奸犯无所遁形。通过对案发现场的推理，警察能够越来越接近事实真相，使无辜者沉冤昭雪。

有时犯罪现场不一定会留有指纹，尤其是当罪犯也具有法医知识时，他们会在作案时戴手套，或者用其他方法来掩盖自己的犯罪痕迹。而且，DNA证据也并不是无所不能或无处不在的，犯罪现场可能根本不会留有罪犯的任何痕迹（头发、血液或精液，或者其他任何体液或组织），此时也就无法得到罪犯的基因图谱。

那么，除指纹和DNA证据外，是否还有其他能够将嫌疑人和犯罪现场联系起来，为无辜的人洗刷冤屈，将罪犯绳之以法的痕迹呢？如果这个痕迹很普遍，不论罪犯拥有多少法医知识都无法完全摆脱它，那会怎样呢？

你可以通过想象再次回到那个寒冷冬季的树林里。当你穿过灌木丛，看到那只苍白的手时，你外套的袖子擦到了橡树皮，沾上了树皮缝隙中的孢子和花粉。当你顺着山坡向下走时，你的靴子沾上了泥土，泥土里含有大量的花粉和孢子（在很长一段时间里，这些花粉和孢子就像雨滴般落在这片林地上）。当然，这些泥土中还存在各种各样当地特有的物种（死的或活的）。

当你蹲下仔细观察时，头发拂过了那只苍白的手上方的树枝和树叶，又沾上了落在它们表面的花粉、孢子和其他微观物质。虽然你留在环境里的痕迹（脚印、头发和纤维）掩盖起来很容易，但环境留在你身上的痕迹呢？如果有人能够检查到并识别出那些留在你身上和衣服上的微小痕迹，并顺利地还原了当时的场景呢？

想象一下你就是那个凶手。无论你走到哪里，身上都将带着受害者所在地周围环境留下的痕迹。

这就是我的切入点。本书有我的故事，也有法医案件。1994 年，我还是伦敦大学学院的环境考古学家，但就在那时，事情发生了改变。

我从小就喜欢大自然，正式从事植物研究工作已经将近 50 年了。小时候，我总是如饥似渴地阅读着自然类的科普书籍。世界很大，未知的事物也很多，它们等待着你去发现、去探索。如果把知识比作大山，那么从来就没人能攀登到它的顶峰。同时，求知的过程就像攀登，每条道路上都布满了荆棘，你永远无法预知前方的困难。

我这一生的大部分时间是在显微镜前度过的，枯燥而又单调地观察一个个样品，试图确定混合物中的孢粉类型（孢粉为微小颗粒，包括花粉粒和真菌孢子）。孢粉粒被我染成了红色，散布在载玻片上。对于外行人来说，它们只是一团形状各异的斑点，但对于孢粉学家来说，它们代表了自然界中的不同元素。

通过高倍显微镜观察花粉粒，我们就能看到它们那奇特而又复杂的美。有的花粉粒是有洞的球体，而有的可能是哑铃状，它们的花粉壁上还有不同程度的孔洞。花粉粒的表面可能会有一些孔洞和犁沟，这些孔洞和犁沟的大小及形状都不相同。此外，花粉粒表面可能会有错综复杂的纹饰——涡旋状、条纹状、皱波状或由小柱构成的网状结构。它们可能会有瘤状突起，可能会有棘状突起，甚至还会棘上长棘。我们通过研究这些简单或复杂的结构来确定这些花粉粒究竟是来自针叶树的雄锥体还是开花植物的花药。

人们可能会感慨这些微小而美丽的颗粒在物种延续过程中所起的重要作用。也许，你甚至会在一些浪漫的幻想中忘乎所以。不过我一点儿都不浪漫。我以自己能够看到它的本来面目为荣，并在解释我所看到的东西时，尽量消除任何认知偏见。因为对我来说，这些孢粉不仅是植物或真菌生命周期中的一个阶段，还是警方的破案利器，它能够令犯罪分子的谎言不攻自破。这些孢粉证据交织在一起，就能合理地解释在什么时间地点，什么人做了什么事。当有案件发生时，我的工作就是从花粉粒、真菌、地衣和微生物等自然物质中拼凑出事实的真相。

过去，我认为自己是个专业的解谜者，这个形容贴近事实。在这个行业中，准确非常重要，但从花粉粒或孢子中寻找线索是一项艰巨的工作。人们总是试图做到准确，但没人能保证自己100%准确，所以如果我们有疑问，就应该参考自己能正确识别的植物标本。因为任何错误的证据都会导致无辜的人失去自由，所以我一生中大部分时间都在研究微观物质，试图将不同的花粉粒区分开来。这绝非易事。

地球上存在一些很古老的植物，如蔷薇科，它的花粉粒总是有三条沟、三个孔，且表面有条纹状的轮生。蔷薇科的不同物种，其花粉形态可能具有相似性，在黑刺李、李子、樱桃、野蔷薇、玫瑰和山楂的混合花粉中，很容易就能辨认出野蔷薇、玫瑰和山楂，因为它们的花粉形态都有条纹的轮生结构，但很难区分出黑刺李、李子和樱桃花粉。负责任地说，就算犯罪现场可能是在樱桃园，也不能说显微镜下的花粉来自樱桃树，因为它与黑刺李树的花粉实在太相似了。而对于那些低等植物（如苔藓）来说，它们的孢子具有的关键性特征更少，更难区分。从进化的角度来讲，比苔藓类植物进化晚的植物（如蕨类及其同属植物）比苔藓类植物具有更多的区别特征，但比裸子植物少。反过来，裸子植物比被子植物少。这是个令人困惑的世界，有无限的可能性，但无论如何我们必须找到一条出路。

你可能从未听说过或碰到过我的同行。实际上，在40年前，这个行业并不存在。即使现在，世界上大多数国家仍没有这种职业。自从我发明了在死者鼻腔中提取花粉的方法后，大家就戏称我为"鼻涕小姐"。我认为自己是个"法医生态学家"，是利用和解释自然界中的痕迹来帮助侦探寻找破案线索的人。对于那些发现尸体，却找不到凶手的案件（比如在林地、郊区煤窑或沼泽地发现尸体），我会根据案发现场的环境，为警察提供一些破案线索。对于那些已知凶手，却没有找到受害者尸体的案件，我会观察环境留在罪犯身上的痕迹（比如沾在衣服、鞋子上的），也会留意工具、车上的痕迹，以此来寻找埋尸或抛尸地点。对于暴力案或性侵案，我会通过调查与案件相关的花粉、真菌孢子、土壤、微生物等的痕迹来确定案发现场，并通过它们来确定当事人是否有罪。虽然我不是首位利用植物和动物科学帮助警察破案的人，但自1994年我在英国开创这一领域后，该领域就成为我毕生的事业，我将推动它向新的方向发展，并为未来的法医生态学打下更好的基础。

这就是我的工作：在罪犯和他所接触的自然世界间架起一道桥梁。

由于电视上频繁播放有关犯罪的节目，许多人观看后似乎对死亡产生了一种浓厚的兴趣，也掌握了很多相关知识。当面对屏幕上数百具假尸体时，他们都变得麻木了。但当你经常与死亡接触时，就永远都不会变得麻木，因为与现实相比，电视节目的漏洞实在太多了，电视节目看起来烦琐而愚蠢，并且有各种各样的不准确性。

有些人认为，"我们的灵魂是永生的，死亡只是漫长旅途中的一个中转站"。但在我看来，这种说法实在是太过荒谬。我是个坚定的唯物主义者。我还清楚地记得小时候去教堂的场景，以及在教堂中的人们虔诚的样子。他们应该明白一个最伟大的真理：我们的身体只不过是矿物质、能量和水的混合物。当我们死亡后，能量、生命力将停止流动，承载着思想和记忆的身体也将随之分解，一切最终都将化为尘土。万物都是从泥土中孕育出来的。大多数人都不愿意承认甚至从未想过，构成我们身体和思想的物质成分是循环的，生不带来、死不带去。对我来说，我并没有因此而感到难过或困扰。无论我们是否拥有宗教信仰，它都会发生。这就是自然，虽然有些人认为它冷酷无情，但它比任何空想的、不可能证实的故事更美。

我们身体的组成部分在我们死后重新进入世界，永远循环下去。现在，把自己的身体想象成一个从水池中汲水的喷泉。想象一下，源源不断的水流从喷嘴中流出。当喷嘴关闭时，水就会回到水池。水类似于你消耗的食物和液体，它们能为身体提供能量。生命是短暂的，在短暂的辉煌过后，它只会默默地流走，但总是会再次回到"水池"。如果改变"喷嘴"，就会得到不同类型的"喷泉"，从而形成不同的"生命"。我们的身体就像喷泉，能量和物质不断地进进出出，而组成我们身体的"水"总会回到水池。

人死不能复生，死亡却又代表着新生。当你活着的时候，你的身体是一个完美的生态系统，但当你死亡后，它也会走向灭亡。你的尸体对微生物来说，是一个丰富的充满活力的天堂，是给予昆虫、鸟类、啮齿动物和其他动物的奖赏，它们中的一些生物会享用你的尸体，而另一些生物则会捕食这些食腐生物，就像利用"淘金热"的修理匠和商人一样。这种现象对于法医生态学家来说非常重要，因为他们从中可以看出尸体的腐败方式、食腐动物的种类以及尸体的分解速度。而通过这些，我们就能知道死者的死亡时间、死亡地点、死前发生了什么事，从而为案件的侦破提供重要的线索。蛆、腐肉甲虫、肉蝇和黄蜂；老鼠和腐肉鸟（比如乌鸦和白嘴鸦）；狐狸和獾；蚯蚓、蛞蝓和蜗牛。所有这些都与我的工作有关。

现在进入正题。我们先来大致了解一下本书的内容。

首先，本书讲述的不是一个生活故事。从本质上来说，生活中的故事太过庞大与复杂，它不可能局限在一本书中。其次，这也不是一本教你如何成为法医生态学家的教科书。因为法医生态学的研究范围非常广泛，涉及跨学科知识。其包括植物学；孢粉学（对花粉、孢子和其他微观实体的研究）；真菌学（对真菌的研究）；细菌学；昆虫学（对昆虫的研究）；寄生虫学；人类、动物和植物解剖学；土壤和沉积物科学；统计学和许多其他"学科"。关于法医生态学，人们需要了解大小生物体的结构、习性和分布，还有生物体与物理、化学环境以及其他生物体的相互作用。我们想要获得这些知识，就需要投入毕生的精力，只有这样我们才能得到正确的结果（得到有可能正确的结果，因为这个领域没有绝对性）。这个正确的结果往往依靠我们的一种直觉，一种从几十年的经验中建立起来的，从整体上看待自然世界并使用经验科学来获得答案的感觉。

这也不是一本关于死亡的书。

老实说，我并不害怕尸体。对我来说，尸体不是人，它们是信息的"储存库"，在那里，大自然给我们留下了追寻的线索。在我的职业生涯中，我时刻保持警惕，避免自己的情绪受到尸体的干扰。虽然我时刻保持警惕，但还是有几个例外情况。第一个死者是一名22岁的妓女，她被谋杀在树林里，留下了3个孩子。她的遭遇非常令人同情——16岁时，她就被自己的父母遗弃了，被迫自食其力。在此期间，她被一个皮条客盯上并被引诱而染上了毒瘾，这迫使她不得不通过卖淫来支付毒资。她生了3个孩子，却不知道他们的父亲是谁，但始终没有抛弃这几个孩子。为了养活自己和孩子，她必须拖着瘦弱的、不洁的身躯不停地服务于男人们。当我看到她躺在冰冷的停尸间的桌子上时，我哭了，我被她坚韧的生活态度所感动，即使在如此悲惨的境地里，她仍能奋力挣扎，仍能对自己的孩子不离不弃。我很钦佩她！

第二个死者是一名15岁的斯堪的纳维亚女孩儿，她全身赤裸地躺在石板上，在停尸间刺眼灯光的衬托下，她是如此完美。她的生命永远停留在她15岁那年的夏天，而这一切仅仅是因为一个猥琐男人的疯狂欲望。他痴迷于她的裸体，便将她杀死在一片草地里，然后看着她自慰。她的身体让我感到深深的悲伤，她本可以也本应该拥有的生活现在都没有了，所有的一切都随着她的死亡永远地画上了句号。

我常常面对死亡，不仅要面对那些我曾试图将他们的故事拼凑起来的人的死亡，还要面对我的亲人的死亡。每个人的人生都是如此。在我做好准备之前，我失去了将我抚养成人的外祖母，然后我的父母也离开了。当我还年轻的时候，我失去了我不到 2 岁的女儿。我经常把我的女儿幻想成玛格丽特·塔兰特的儿童图书中的小女孩儿，书中的一切都是那么美好、那么灿烂，充满了欢声笑语。但我知道，这些都是我的幻想。我也曾靠近过死亡，也曾看到过它的本质——健忘和冷静只是个自然规律，和其他规律一样深不可测。

本书详细介绍了我的工作内容，我将带你进入大自然和死亡相互交织的边缘地带，一起欣赏它的迷人之处。在这段旅程中，我将带你去赫特福德郡的灌木篱墙。在那里，我第一次发现植物所具备的、在刑事调查中发挥作用的巨大潜力。就在那一刻，我改变了自己对自然界的看法，并发现了它所蕴含的其他潜力。

在犯罪现场，我会与爬满蛆虫的尸体待上好几个小时。我还去过田纳西州的"尸体农场"，那里放置着腐烂程度不同的尸体，从中我可以学到很多知识。我们将前往邓迪的公寓，那里的地毯和靠垫上满是血迹，血迹上布满了灰色和棕色的霉菌，这些霉菌在确定死者死亡时间上发挥了重要的作用。我们将穿过茂密的树林和孤独的荒野，去看那留在环岛上的尸体。然后我们将一起观看萨满仪式，这些萨满利用英格兰南部中心地区有毒植物的致幻特性蛊惑教徒。还有很多被埋在浅坟里的女孩儿，她们的亲人再也没有见到过她们。在旅途中我将为你们讲述我的故事，分享我的喜怒哀乐，以及威尔士的那座让我被自然界的奇迹和广袤唤醒的狭窄的小山谷。最后，在我观察植物、动物和微生物的过程中，如果某一幕给你留下了深刻的印象，促使你重新意识到人类是大自然的一部分，并不能脱离自然而独活的话，那么，我的目的就达到了。

事实上，很少有人能够真正地理解我们与自然世界之间的联系。现在有很多人住在城镇和郊区，但无论我们是生活在城市还是偏远的乡村，大自然都是无处不在的。我们可能是这个星球上在行走或爬行方面受干扰最大的物种，但我们还与超过25万种植物，3.5万种哺乳动物、鸟类、鱼类、两栖动物，以及大约500万种真菌和可能多达3000万种昆虫共存。而以上这些数据，并没有提到法医生态学所依赖的无数种未知微观生物。虽然地球上可能有70亿人，但每一个人却都对应着2亿多只昆虫。当你这样思考的时候，就会发现人类的每个动作都已经被大自然标记好了，这也许并不奇怪。

现在流行的说法是，我们生活在一个满是监控的世界里，我们的一举一动都可能被多台摄像机记录下来。我能从你鞋上沾到的微粒，判断出你曾去过什么地方。通过观察你鞋子上的花粉，我就能知道你是走哪条路回的家，是穿过了野风信子林地还是穿过了花园。我也许还会告诉你，你在哪里与心爱的人一起缠绵，曾在田野的哪个角落里等待过爱人，等待朋友时曾倚过哪堵墙。如果很不幸，你成为那些受害者之一，那么通过检测你皮肤和衣服上生长的霉菌，以及你头发、衣服和鞋子上的花粉与孢子，我会告诉你的亲人你是怎么死的、死在哪里、什么时候死的。如果你是受害者的爱人，通过检测那些沾在嫌疑人靴子上的花粉，我会告诉你，是谁带走了你的爱人，并把他放进一个浅坟里。如果你是警察，通过检测从死者鼻腔黏膜中获取的花粉、孢子和其他颗粒，我可以告诉你，死者究竟是被活埋了，还是被凶手勒死了。大自然留下的痕迹无处不在，有外在的，也有内在的。每个人都在环境上留下了自己的印记，同样，环境也在我们身上留下了印记。虽然我们需要慢慢地寻找大自然留下的痕迹，但它总会把线索留给那些懂它的人。

·第二章
"凡有接触，必留痕迹"

你可能会问："你能从这些证据中得到什么呢？"当然，许多警察也是这样问我的。其实，从某种程度上来说，答案很简单。法国的犯罪学家、法医学先驱埃德蒙·洛卡德（1877—1966）认为，"凡有接触，必留痕迹"，这句话也被列入法医学知识体系中的"洛卡德物质交换定律"中。

我们在工作中会接触到很多女孩儿失踪的案件，其中有一个失踪案令我印象深刻。2005 年情人节那天，住在约克郡东区赫尔的乔安妮·纳尔逊突然失踪。据说，她聪明、活泼，梦想着周游世界。她有一头微红色金发，留着刘海略高于眼睛的波波头。她在当地就业中心的同事不知道她可能去了哪里。不过，据她父母说，她的男朋友很"崇拜"她。

　　当然，我对此一无所知。在乔安妮·纳尔逊失踪的 11 天后，警方才给我打电话，让我帮忙寻找线索。

　　我的工作往往是这样的：当我躺在床上享受着惬意时光时，一个突如其来的电话猛然打断了我，将我从安逸的床上拉起来，让我穿过高速公路到达警察等候的犯罪现场。有时，我会在黎明时分就被警察叫起，和他们一起去沟边或偏僻的高速公路岔道上观察尸体，并从尸体残骸中提取样品。有时，当来自警察的电话铃声响起时，我正在埋头学习，周围堆满了书、论文、期刊和参考资料，小猫乖巧地趴在我的腿上，而显微镜就在旁边，我随时准备行动。有时，当我在实验室或者在一些科学会议上听讲座时，熟悉的问题一个接一个地出现：你能帮助我们吗？帕特，你能告诉我们什么吗？你能发现什么吗？通常情况下，警察对我的工作知之甚少，而我要做的是寻找大自然留下的痕迹，还原案发现场。

就像这次，警方只知道乔安妮在 11 天前被她的男朋友勒死了。凶手认为自己特别聪明，可以将世界玩弄于股掌之间。他曾在媒体镜头前惺惺作态：站在死者父母身边，泪流满面地恳求女友回来以博取大家的同情。事实上，他是在为自己的困境哭泣，并不是为他的女朋友乔安妮而哭。

杀人者往往既自大又傲慢，他们经常会回到犯罪现场。人们以为这是凶手的变态心理，回去的目的仅仅是回味当时的愉悦心情；或许他们只是回去检查自己的杰作，看一下伪装是否完美；又或许他们是被迫回去的。但在这起案件中，上述可能都不存在，因为犯罪现场就是凶手的家。他在他和乔安妮合住的那所房子的厨房里勒死了她。那天，乔安妮因为家务事而唠叨，他感觉已经受够了，便勃然大怒，且轻而易举地压倒了她。事实上，当凶杀案发生在家里时，法医侦查工作往往无法提供有力的线索。因为家里到处都是指纹和 DNA，同时，衣服上的纤维也会把线索覆盖起来。乔安妮的房子已经被彻底搜查过了，什么都没有发现，不过幸运的是，真相已经被昭告天下了。

在这段时间里，乔安妮的男朋友——保罗·戴森一直在假装无辜。他告诉大家乔安妮离家出走了，他甚至通过媒体来传达自己的懊悔，真挚地恳求她回来。但是，这个秘密太可怕了，以至于他无法保守，于是他向自己的好友吐露了实情，随即那位好友又将秘密告诉了自己的母亲，接着就真相大白了。保罗对自己的罪行供认不讳。虽然警察抓住了凶手，却一直没有找到尸体。

保罗虽然会开车，但没有驾照。他只是模糊地知道去赫尔的路，及一条和它差不多的路。那晚他谋杀了乔安妮之后，先用塑料袋将尸体包了起来，然后将尸体装上车，把她运到尽可能远的地方。他在夜里沿着陌生的乡间小路偷偷地开着车，直到找到一个可以埋葬尸体的偏僻地点。但现在距离案发已经过去一个多星期了，他早已记不清埋尸地点了，只记得大概是在约克郡的某个地方，离他家不到半箱油的车程。这片区域实在是太大了。

"你能帮我们找到线索吗，帕特？"警察向我问道。然后我像往常一样反问道："你到底在问什么？你有什么发现可以让我给你答案吗？"

我的工作始于一些平淡无奇的东西，所以警察最终为我提供了凶手的牛仔裤、一双耐克鞋、一双锐步鞋以及在他父母家找到的一把园艺叉。保罗用自己的那辆沃克斯豪尔旅行车处理了乔安妮的尸体，这意味着我可以从车上找到花粉粒、孢子或其他微观证据。我要了这辆车乘客侧和驾驶员侧的脚垫，它们都是橡胶的。我还要了后备厢的垫子和车身的前扰流板。我在取证过程中常用到的东西有：凶手埋尸时穿的鞋子；包裹尸体的材料；凶手的裤子和夹克。犯罪现场的调查人员会尽职地拿走这些，逐一记录下来并密封在证物袋里。

你可能会问："你能从这些证据中得到什么呢？"当然，许多警察也是这样问我的。其实，从某种程度上来说，答案很简单。法国的犯罪学家、法医学先驱埃德蒙·洛卡德（1877—1966）认为，"凡有接触，必留痕迹"，这句话也被列入法医学知识体系中的"洛卡德物质交换定律"中。显然，这句话给阿瑟·柯南·道尔爵士留下了深刻的印象，他曾去里昂拜访过洛卡德。洛卡德认为，在犯罪现场，嫌疑人肯定会带走一些东西，同时，也会留下一些东西。无论是 DNA、指纹、毛发、纤维，还是我的工作所围绕的花粉和孢子，它们都可以作为所谓的"痕量证据"。这些痕量证据帮助我们在人、物和地点间建立联系，有时也会提供案发现场的环境信息。

当然，有些情况下也会存在例外，本案就反映出了法医生态学家与其他法医工作（如 DNA 分析）之间的差异。我想从我收到的证物上找到一些蛛丝马迹，但这只是还原主要事件的前导，我要做的是通过这些线索推断出一个模糊的埋尸地点。我会用我所获得的所有信息，在脑海里描绘出一个我从未去过，也可能永远都不会去的地方。我称它为"地方图像"——一个想象出来的地方，真实地存在于某处。这幅图像代表了一些真实的东西，它指的是我通过仔细观察证物中的花粉、孢子和其他微观物质所推演出的地方。每当我闭上眼睛，就可以在眼睑的后面看到它。随着不断地从显微镜中获得更多的信息，图像中的某些部分也变得越来越清晰，而另一些部

20

分则仍然模糊。然而，案发现场（凶手埋葬爱人的地方，强奸受害者的地方，拒绝承认去过的地方）同样会暴露一些蛛丝马迹，在这里，大自然会传递出其他事物无法传递的真相。

两双网球鞋、汽车的踏板，还有一个园艺叉，这些证物会让我找到可怜的乔安妮。

我开始工作了。

我的工作是给出埋尸地的位置或相关线索。这个工作可能是漫长的、枯燥乏味且令人厌倦的。我要弓着背在显微镜前枯坐几个小时，然后站起来伸伸懒腰，四处闲逛一会儿，让我的脖子能够得到休息。然后，要么我会因为发现了一些有趣的东西而继续投身到乏味的工作中；要么我会和我的猫在花园里散散步；要么我会弹一会儿书房墙边的钢琴。这项工作需要长时间地高度集中注意力，因此保持专注至关重要，否则我无法正确地找到那个地方。

时间就这样一分一秒地过去了。我一直在观察花粉粒的形态，比如花粉粒上的刺是直的还是斜的，它上面模糊的螺旋纹是山楂特有的还是玫瑰科植物共有的。我已经被这些问题弄得头昏脑涨、筋疲力尽了，但这些又是决定案件成败的关键，所以我必须坚持下去，嫌疑人能否被绳之以法就靠这些细微的差别。

我开始对各种花粉粒进行扫描和计数，以构建植物图库，并从中获得有关它们生存环境的信息。当一组花粉类型最终从显微镜的载玻片上出现时，我就能推测出犯罪现场及周围有哪些植被；根据植物的生长特点，我可以知道土壤的酸碱度和湿度，判断这个地方是向阳的还是背阴的，并分析周围是否有林地（如果有，是什么样的林地）。想得到这些信息，我可能要花费几个小时、几天、几周甚至更长的时间。虽然过程很辛苦，但当一切问题都迎刃而解时，我就会产生一种无与伦比的满足感，就像把最后一块拼图块放入拼图中一样。当然，我虚构的图像中可能存在一些错误和空白，鞋子上可能会有一些来自其他地方的花粉粒，出现在犯罪现场的一些植物可能并不具有代表性。但这些都不是问题，因为如果有大量的正确景象，那么我依然可以找出犯罪现场。

在我参与的案件中，几乎每起都需要花费大量的精力，仅靠观察几个样品就能发现犯罪现场的案件只有少数几个，而乔安妮的谋杀案就属于后者。在整个案件中，我并没有花费太多的时间，这些花粉就像一缕缕有形的证据，为我指出了乔安妮的埋尸地点。保罗处理乔安妮尸体的那天晚上，可能不知道自己身在何处，但他的随身物品就是我的向导。

很快我就能够肯定，乔安妮被埋在商业林地或靠近商业林地的地方。但这么多年的经验让我明白，仅有一幅图像是远远不够的。我必须仔细研究，深入挖掘，通过花粉得到更多的信息。从犯罪现场收集来的证据并不是很清晰，花粉可能已经消失或降解。同时，样品里还会有其他的微观物质——真菌、藻类、植物和动物的残骸。这些都有可能干扰我的注意力，让我无法从一堆乱麻中找出真正的关键证据。鉴别花粉粒仅仅是个开始。就野风信子林地而言，萨里郡的可能与埃塞克斯郡的相似。英国各地都有林业委员会的苗圃，这些苗圃都可以种植类似的植物。但是，如果在单一样品中检测出松树，那么，你只知道环境里有松树，却不知道是一棵松树还是一片松树。不，你不能这么分析，重新想一想，你想要的（你需要的）是一幅具有所有对比与矛盾色调的图像。就像香水一样，它可能有一种最主要的气味，但也会有其他的气味，而这些气味能帮助你缩小搜索范围。虽然这条主线索可能会把你带到石楠荒原、松树林或海岸的某个地方，但荒原很广阔，荒野和森林绵延数千米，并且英国海岸随处可见。因此，你要找的不是一条线索，而是能将多条线索汇聚在一起的组合，这样就可以找出独一无二的犯罪现场。

我的脑海里一直回想着那个场景，当我拨打警局电话时，警长雷·希金斯迅速地接通了电话，听到他平静的声音后，我松了一口气。他的下属们像勤劳的小蜜蜂一样疯狂地搜集信息。但雷不同，他表面上看起来温文尔雅，实际上却是一位充满干劲、机敏睿智的警察。对于找到女孩儿的尸体，他有着坚定的信心。

"帕特？"电话那头的雷·希金斯问道。

我很庆幸没有使用网络电话，因为当我闭着眼睛说话时，看起来就像个疯狂的神秘主义者。"是的，雷，我知道她在哪里了。"

我能感觉到电话那头的雷似乎也松了一口气。"她在林业委员会的苗圃里。"

雷用充满朝气的声音向我说道："帕特，他说他埋尸体的地方有一棵圣诞树，我认为这句话很有意义。"

样品中仅有几粒云杉花粉。云杉，每年冬季注定被用来献祭。不过我很确定，埋尸地的这个苗圃不是专门为圣诞市场而设的，因为圣诞树都是小树。而样品中却发现了云杉花粉，这就意味着云杉已经成熟了，它需要 40 年才能成熟，成熟后会变得非常高大。所以，如果保罗能在一片漆黑中认出圣诞树，那就意味着那里有很多圣诞树，可能就在树林入口附近。其实，很多人都不知道，在云杉树林中央或周围几乎是找不到云杉花粉的。尽管对于初学者来说，答案是显而易见的。伐木工喜欢砍伐树龄 40 年左右的云杉，这时的它们即将成熟。云杉被砍伐后只会留下少量的花粉，以此证明自己曾经存在过。所以如果你发现了云杉花粉，那就代表着周围可能有成熟的云杉。

我仍然紧闭着双眼，不让任何东西分散我的注意力，并对雷描述着："从这辆车上的痕迹来看，它似乎穿过了一条林荫路，道路上有干燥的沙土，但道路边缘或车辙旁有潮湿的沟渠。而且，他选择的埋尸地相当开阔，那里应该有很多的树木，因为我从物证里发现了商业林中针叶树和落叶树的混合物，里面主要是橡树、山毛榉、榛子树，但也有一些梧桐树和榆树。因为那里还长着柳树和桤木，所以土壤相对比较潮湿。除此之外，那里似乎还长着很多常春藤和野蔷薇。"

这是我假想的一个图像，但我在野外工作期间，曾多次在显微镜下观察过这种植物群落，所以给出的地点是"林业委员会"。辨认植物群落是件简单的事，而且我早就知道每个地方的植被都是独一无二的。在同一地点，每种植物的生长模式和密度是不同的，所以，虽然我可以描述出保罗去过哪些地方，但如果要确定其具体位置的话，我还需要一些特别的线索。

我可以从这些粗略的信息中得到很多有用的线索，但要想确定具体位置，还需要大量的工作。我能在一定范围内，根据花粉证据描绘出一个大概位置，但要找到精确位置，则不是件易事，特别是那些我不熟悉的环境。虽然我可以推测出土壤类型，甚至还可以推测出底层地质的情况，但在这种情况下，如果有熟悉当地植物的人参与进来，然后去寻找我所说的位置，就可能会相对容易一些。

我继续对雷说道："雷，你沿着一条开阔的小路往前走，最终也许在那附近，会有一片成熟的桦树，在那里你就能发现她。哦，还有……"说到这儿，我停顿了一下，因为我接下来所说的话听起来是最不可思议的，但我确信它是事实。

"她并没有被埋在地下。"

雷静静地听着，虽然我能感到他并不完全相信这个结论，但还是接着说道："她躺在远离道路的洼地里，身上覆盖着桦树枝叶。"

这就是乔安妮的安息之所，这幅画面在我的脑海中不断萦绕着。

"那么，你有多大把握？"雷问道。

这是你必须经常问自己的问题，所以必须原谅他们，至少他们的态度是礼貌的，不像我以前经常遇到的那些指责和质疑。

"非常确定，雷。"我说道。

曾经有一段时间，我对我所能提供的证据的特殊性感到震惊，即从显微镜镜头末端的图像中找到细节，但仅此而已。证人捏造和错误的记忆，只在特殊的情况下才能完全相同。录像和静态摄影只能反映故事的一部分，因为它们忽略了更广阔的环境，你的潜意识将会主导思想。但是那些具有丰富野外实践经验、有能力的孢粉学家却可以通过花粉图谱发现更多的东西。当然，总有些"惊喜"不是教科书中所含的内容，这也证明了"经验是金"的道理。

从我准备的样品来看，乔安妮的男友曾去过一个树林，除云杉之外，他还接触过其他树木，比如那些具有重要商业价值的针叶树，包括松树和一些西部铁杉。当然还有一些落叶树，基本上以桦树为主。这真是个有趣的组合，即树林与其他植物的组合，它们在不同区域的分布具有一定的启发性。这个地区的土壤虽然是酸性的、干燥的，但也有潮湿的地方。在我看来，汽车的扰流板能让我更全面地了解埋尸地，因为车辆在从林地入口到埋尸地的行驶过程中，一直在收集证据。而且最有可能的是，保罗的鞋子接触了埋尸地，并把这些证据带到了车里。

花粉图谱中桦树占主要优势，松树也很多。从图谱来看，这是一片由橡树、榛子、山毛榉、石楠、蕨类植物和草类构成的典型林地和林地边缘。我仔细观察了残留的花粉和孢子，它们是在上一个季节或更早的季节产生的。榛子花大约是在12月出现的，但其他花粉可能是前一年晚春出现的。换句话说，从上个季节，甚至更早的季节开始，这些花粉就一直留在地表、土壤和植被上。在一年当中，无论什么时候，我都能找到一些东西来分析和描述案发地或藏尸地，即便是那些警察觉得不可能的地方。

我继续观察载玻片。

在保罗的牛仔裤里，我没有发现任何有用的线索，但在他的耐克鞋里找到了很多草花粉。从这点可以看出，案发时他并没有穿这双耐克鞋。但当我观察他的锐步跑鞋、脚踏板、汽车扰流板的载玻片时，发现了很多线索。我现在已经很确定，埋尸地是一片以商业种植的针叶林为主的林地，但随着需要观察的载玻片越来越多，我不断地发现其他类型的花粉。出现混合孢粉是完全正常的，因为苗圃主通常在苗圃边缘种植本地的落叶树（比如桦树）以掩盖针叶树密集而单调的单一树种。桦树不能遮阴，能生长在贫瘠的土壤中，而且它的预期寿命与针叶树达到适合种植大小所需的时间大致相同。所以，苗圃主人大都喜爱种植桦树。

从汽车扰流板上发现的孢粉图谱让我意识到，为了寻找合适的埋尸地，保罗直接把车开到了密林深处。汽车的内部痕迹泄露了一个小秘密。虽然保罗的锐步鞋上沾满了森林里的花粉，却没有几粒花粉沾到驾驶员侧的脚垫上——上面异常干净，只有几粒松花粉和一粒石楠花粉。显然，保罗已经打扫过那块，他用吸尘器吸过，甚至用刷子刷过。然而，在乘客一侧的脚垫上，留下了锐步鞋上的花粉。我脑海中闪过这样的画面：要想从车里抬出体积较大的物体时，必须一只脚踩进车里，以保持身体平衡。因此，我推测，当他打算把乔安妮从车里抱出来的时候，为了保持平衡，把脚踩在了乘客一侧的垫子上。

现在我已经确定，埋尸地点就在商业林里，但我还需要确定商业林的位置，以及埋葬乔安妮尸体的具体位置。

此时，园艺叉又给我提供了新的线索。

保罗的鞋上有很多桦树花粉，这些花粉沾到了汽车乘客一侧的脚垫上。但是，当我观察园艺叉上的孢粉时，又发现了新的线索。园艺叉的杆上和手柄上满是桦树花粉，而叉尖上的花粉最厚，除了几粒典型的园林植物花粉外，几乎全是桦树花粉。

这时，一个地方突然浮现在我的脑海里。它可能不像看起来那么神奇，但这是我的直觉，以我多年来在基础学科、长途跋涉和野外工作中不断积累起来的关于周围自然世界的知识为基础。这些知识在一台非凡的超级计算机——人脑中储存和处理。

这次，整个事件在我的脑海里变得更加清晰了：保罗驾驶着载着乔安妮的沃克斯豪尔旅行车，沿着林业委员会的干燥沙土车道行驶，旁边是笔直生长的商业针叶树。他一边开车，一边寻找合适的埋尸地，直到找到了一处林木稀疏的地方，最终停在了一片桦树林里，这可真是个绝佳的藏尸地。接下来，他准备挖坑，但这可是个力气活儿，园艺叉根本没有用处。不过，虽然它不能挖坑，但可以刮东西呀。

林地和商业林地通常位于荒地的边缘，如果你在这里散步，就会发现这里有很多的枯枝败叶。它们虚掩着地面上的坑洞，让你误以为那是平坦而坚实的地面，一旦你踩上去，就会掉到洞里。商业林里布满了工人们留下的各种坑洞，这些都是以前种植和砍伐树木时留下来的。如果你能找到一个合适的坑，刮些枯枝落叶来掩盖尸体就可以了，为什么要将尸体埋了呢？

我怀疑他拖着乔安妮软弱无力的尸体步履蹒跚地前行，然后把她放在离路边不到 100 米的坑里。根据行为分析学家的计算，一个人愿意并且能够拖拽尸体前行的极限是 100 米。我们可以想象一下，保罗拖着乔安妮的尸体往前走，他的锐步鞋不时陷入枯枝败叶中，他非常害怕，并意识到埋葬她实在太难了。但他或许可以把尸体藏起来。我认为他就把尸体推进了一个坑里，再用园艺叉扒来桦树枝叶盖在上面，以防被人发现。当然，他必须把尸体放到坑里，这样才能盖住她。如果把她放在平地上，然后再堆起枯枝败叶，那别人一眼就会发现这里的不同之处。

保罗认为，警方要经过很长时间才能找到乔安妮的尸体。因为在那个临近情人节的寒冷冬季里，根本没有多少林业工作。当时天气很冷，蓝蝇也不会去尸体上产卵，死亡的气息也会被延迟传播，这意味着狐狸和獾也不会像盛夏时那样轻而易举地找到乔安妮的尸体。所以保罗认为，乔安妮的尸体会在那里待很久，也许根本就不会有人发现。

不过，当他用园艺叉刮桦树枝叶时，并没有意识到叉尖上已经沾满了桦树花粉。在这些花粉的帮助下，警方发现了乔安妮的尸体，保罗也最终被绳之以法。

"可是帕特，这地方在哪儿呢？"首先，这个地方绝对不在赫尔附近。但可以肯定的是，它是个苗圃，里面有西部铁杉，还有一种特殊的蕨类植物。起初我并不太关注这种植物，它是水龙骨属蕨类植物——水龙骨。在英国的南部和西部，甚至在我居住的萨里郡，它随处可见。但它基本上不会出现在约克郡地区。这简直太幸运了。我们可以在英国和爱尔兰植物学会的地图上查到这种蕨类植物的分布。有趣的是，这个地区以前也有水龙骨属蕨类植物，但现在它已经绝迹了。通过翻阅历史记载，我们可以知道它以前生长的区域，并能缩小搜查范围。现在，我们知道，有西部铁杉的林地一共有3个，其中有两个曾经生长过水龙骨属蕨类。

保罗曾经供述过，那个地方有扇金属门，门的一边放着许多空瓶子。负责此案的警官对侦破这起案件充满了热情，他叫来了各路专家，但被邀请的专家中有些似乎并不太适合办理这起案件，有些又是令人恼火的。赫尔当地的一位植物学家查阅了地图记录，在我之前就发现了水龙骨属蕨类的历史分布，但这并不重要。为了她的父母，我们必须找到她。虽然乔安妮走了，但她那悲伤的家人正不顾一切地想让她回来，雷·希金斯决定把她带回她的父母身边。

警方在得知这一消息后欣喜若狂，他们开着警车，带着铐在后座上的凶手一起出发了，开始在那条蜿蜒的道路上搜寻着那扇金属门和空瓶子。他们实在是太激动了，迫不及待地要去寻找乔安妮，根本等不下去了。他们驱车行驶了好几千米都没有发现任何线索，这消磨了他们的信心和希望，疲倦和沮丧慢慢地爬上了心头。就在这时，他们的"尤里卡时刻"到了：那扇苍白的金属门和空瓶子出现了。我很想知道他们当时的感受，我想那一定是既兴奋又放松的感觉。

很快，他们就找到了乔安妮的尸体，埋尸地的环境与我所说的相差无几，他们被我的准确描述震惊了。她在小路旁斜坡上的一处洼地里，周围都是桦树，桦树的枝叶覆盖着她。对我来说，多年来积累的科学知识和实地考察工作经验终于发挥了作用。当然，我还要感谢自己有勇气说出自己的观点，使自己因此得到了回报。

他们发现乔安妮尸体的那天，我并不在现场，虽然她的家人非常悲伤，但又不得不接受这个事实。我经常想象，最初那些对我持怀疑态度的警察，他们会有什么样的感觉。保罗最终被定罪了。过了很久，雷带我去了乔安妮的埋尸地。我在第一次办案时，曾对灌木篱笆墙和田野做出过精准的描述，当看到案发现场时，我也被自己的精准描述惊呆了。这次也不例外，当我和雷一起穿过那扇决定命运的门时，再一次被自己的精准描述所震撼。我们走在林业车行驶的沙地上，车辙深深地印在路上，顶部和边缘随意散布着几株发芽的石楠。一般情况下，石楠喜湿但不耐水。然而这些坑里肯定是潮湿的，在距小路不远处，有一个满是泥泞的浅坑。道路的左边是一块空旷的荒地，上面生长着蕨类植物。在视线所及的范围内，道路的右边是一片密林，一直延伸到前方。林子里长着松树、西部铁杉和云杉，这与我从显微镜中观察的结果完全一致。

通过这起案件，大家可以看到法医生态学家的工作。我通过镜检结果知道了埋尸地的地貌类型，我也知道了那里树的种类、土壤性质以及可能与它们一起生长在地面上的非树木植物。在我的脑海里，我仿佛可以沿着保罗的足迹找到埋尸的地点。但是，约克郡很大，有很多地方的环境与我的图像相似。毕竟，英国全境都有桦树。

在警力资源充足的情况下，他们也许可以逐一排查。但大自然还是将最后的线索赐给了我们，这个线索就是我在显微镜下找到的西部铁杉花粉和水龙骨属蕨类孢子。

花粉图谱能为我们提供很多信息，这么多年过去了，我对它深信不疑。对我来说，所有的这些痕量证据都是有形的，但对别人来说，它们却更像迷信或魔法。

近年来，一些地质学家也开始参与此类案件的侦破工作。20年前，曾有个著名的案件，一位地质学家说服了警察，使他们相信土壤中的矿物颗粒提供的证据是可靠的。通过警方给出的发票金额，我们就能看出这位地质学家的能力，因为发票金额与他所提供的信息数量成反比。他浪费了很多警力，所以最后大家都不再认可他了。虽然警察曾和他签订了协议，采集了成千上万份样品，但他无法从一些简单的样品、显微镜、药物洗剂中获得破案线索。我曾和他接手过同一个案子，并且我们推测出了相同的位置，但他的方法是在一条50多英里（50英里≈80千米）长的横断面上收集1000多个样品，而我只是观察了一下田野环境，并收集了从铁锹上采集的4个样品。其实，如果你了解植物的生存环境，就可以预测土壤特点及地质情况。

有很多人都相信超自然的力量。但我并不相信这些，我是靠科学来破案的。如果在20年前，我们可能永远也不会发现乔安妮的尸体。当她的尸体腐烂到只剩下骨头时，或许有那么一天，这具尸体会被一个正在工作的林业工人或一个孤独的遛狗者偶然发现。但是，有了我开创的科学，我们能够通过大自然留下的微小痕迹发现凶手曾去过哪里。所有人都会在自然环境中留下自己的痕迹（无论他们是不是凶手），而一个掌握景观、花粉、孢粉、真菌和土壤知识的人会知道他们去过哪些地方。

后来，我收到了乔安妮父母的来信，在信中，他们感谢我把她带回家。我必须承认，在此之前，我仅仅将乔安妮看作一个案件。我每天疲于寻找线索，并没有将她当作一个人来看待。事实上，当你每天都要面对犯罪案件时，就会变得麻木，然后在智力挑战中迷失自我，并付出相应的代价。当我坐在书房里，将心爱的小猫抱在膝上读着乔安妮母亲的信时，心境发生了很大的变化。乔安妮不仅是一个需要被破解的案件、一个我面临的需要多年经验的挑战，还是一条鲜活的生命。她有爱、有希望、有恐惧、有抱负。我在她母亲的信中意识到了这点，这让一向理性克制的我产生了一种冲动——我工作的原因究竟是什么？此刻，在我看来，它不仅仅是因为来自智力上的挑战，也不仅仅是因为我一直以来在推进法医生态学方面所感受到的自豪感，还因为它与人类的情感有关。

·第三章
锁定嫌疑人的行动轨迹

 青草、白色野芝麻、黑龙葵、水苏、酸模、藜和一些荨麻，它们在裸露的土壤和沟渠之间形成了稠密的植物堤岸，它们的花粉撒满了堤岸。罪犯们踩着这些花粉回到车里。那个树篱和堤岸见证了他们焚尸潜逃的过程，现在正在为死者伸张正义。

现在，也许是回到起点的时候了。

我从未规划过我的人生，一切都是顺其自然的。我在50多岁的时候，接到了一个改变我人生轨迹的电话，它将我引入了法医行业。那时，我已经做过很多份工作。我的职业生涯始于查令十字医院的医学实验室，我也在英国第二肾脏透析中心工作过。一开始，我的工作是处理血和粪便。说实话，它们的味道并不好闻，但这是我的工作，我必须忍受它们的气味。后来，我开始参与项目研究工作，这意味着我要接触实验动物。我开始喜欢老鼠了——它们长着白色的皮毛、粉红色的小鼻子，整个身子不停地耸动着。它们对世界充满了好奇，常常挤作一团，相互挠来挠去。我虽然喜欢小动物，但讨厌项目研究。所以，我觉得自己并不适合医学研究工作。

我的男朋友，也就是我后来的丈夫，他觉得我应该做一些更"淑女"的工作，而不是整天围着老鼠，去分析什么尿液、粪便和血液之类的东西。我很想知道什么是"淑女"？因为我的字典里一直就没有"淑女"这个词。刚好，我看到了全日制商务和秘书课程的招生广告。我觉得这可能就是我男朋友认为的淑女工作，所以我申请了一个全职课程。这门课很难，是一门新课程。在这所学院里，他们雇用了一些兼职的专业人员来讲授法律、经济、心理学和英语等专业课程。除此之外，还有打字和"皮特曼速记法"等实训课程。我觉得这两门课程也比较难（"皮特曼速记法"是我遇到的最有逻辑、最灵活、最精彩的方法），而且我们还必须学会管理高权力办公室里的一切。我这一生学了很多知识，回首时发现，这门课程真的非常棒。我喜欢这个挑战，并顺利拿到了毕业证。课程结束后，所有学生都要参加伦敦商会举办的考试，这个考试的竞争性很强并与国际接轨，它充分考查了我们的秘书和商务技能。一开始，我很吃惊，但后来就放松下来，开始享受所有的宣传和随之而来的乐趣，包括出席在卢克勋爵大厦的颁奖仪式。

全职课程毕业后我就在可口可乐伦敦公司总部任职，公司位于骑士桥。因为在公司里随时可以拿到可乐，所以一般来说，新员工的体重会在入职后的一段时间内不断增加。在这里，我第一次接触到企业忠诚度的问题，那就是每位员工的办公桌上都放了一杯这种含糖、酸性的混合物。不过，我认为这是一份很荒谬的工作，因为所有人都在推销着一些无论怎样都能卖出去的产品，所以我很快就跳槽了，去了一家著名的大型建筑公司上班。

这份工作要求很高，需要很强的责任心。当翻阅到关于伦敦桥和德拉克斯电站这些大型项目的建造技术时，我感到很有兴趣。就这样过了几年，我逐渐对这份工作感到厌倦了。我不太喜欢这种无聊的工作模式。在这里，所有的事情都是被安排好的，只需例行公事，我没机会去做我感兴趣的事，我需要新的挑战。我感觉自己就像一匹被拴在田地里的小马，急切地想要挣脱身上的束缚，去探索那片广袤的未知领域。

后来，我就辞职去了伦敦国王学院，在那里学习植物学，那是我人生中最快乐的一段时光。为了找到自己喜欢的职业我不断尝试，直到快 30 岁时，才成功地找到了。我比我的大学同学大 10 岁左右，不过似乎没人注意到这点，所以我们之间肯定也不存在什么障碍，我们只是混在一起而已。那时，虽然我已经结了婚，有了自己的家庭，但照常参加学生活动。我甚至当选为生物学会的会长，而且还结识了一位特别的朋友——迈拉·奥唐奈（一位才华横溢、极富组织能力的动物学家）。每周六的早晨，我都会和她去斯特兰德大厦体育馆上击剑课。

我们的击剑老师是一位已经上了点年纪却仍然风度翩翩的匈牙利人。他一边用手抚过他的头发，一边用花剑戳着我们的肋骨，直到教会我们应当如何防守和反击。我的体力不好，一场下来常常累得上气不接下气，所以，他很善良地让我分两场完成铜牌考试，这样我就能继续幻想我可以击剑了。体育馆外面的走廊里铺着陈旧的地板砖，旁边摆着乔治王时代的储物柜，每个储物柜上都有镀金的装饰性数字。迈拉和我常常在走廊上练习击剑，从这头打到那头，我们俩很难分出胜负。一个星期六的早晨,我对她说道:"你知不知道,我们编了一个舞——'谁也赢不了'。"然后我们就笑得前仰后合,但还得继续周六的例行公事。

当我回顾自己在伦敦国王学院的时光时,觉得很神奇:我每天都能抽出时间去探索很多的学术课题。虽然我应该是名植物学家,却经常去学习生态学、地质学、微生物学、动物学、寄生虫学、生物地理学以及任何能够让我对自然世界有更深入了解的学科。在图书馆里待上几个小时,为今天那些广泛依赖电子阅读的学生永远不会遇到的文本而感到惊讶,这是一种乐趣。我们那时的大学教育是一种传统教育——参加小型专题报告会、做笔记、写论文、去图书馆、做项目、到不同的地方进行实地考察。在整个大学期间,我学到了许多自然知识,从蜥蜴的神经系统到草的结构。这些知识造就了我,我也深深地迷恋着这些知识。

毕业后,我在伦敦国王学院担任微生物生态学讲师。起初,我非常享受这份工作,并带学生们去实地考察,这对他们学习自然界的知识是非常有益的。我觉得我在传授一些非常特别的知识,一些值得被传承的知识,但最终,沉重的教学负担、写作、演讲、布置和批改论文、考试、参加会议等这些令人头疼的日常工作逐渐压垮了我,让我有种挫败感。因此,我在有幸工作过的,并感到工作得非常幸福的地方之一工作了18年后,申请了去伦敦大学学院考古研究所工作。我想把一生的大部分时间花在研究上,而非教学上。

伦敦国王学院的植物系很小,大家在一起很快乐。我们经常举行聚会，学生和教授都会参加。而伦敦大学学院的氛围则完全不一样。在这里，除了偶尔的研讨会外，我的时间都花在研究上，我还获得了"环境考古学家"的新头衔。不过，我并不确定自己是否应该得到这个称号。在伦敦国王学院，午餐和下午茶期间总是充满欢声笑语，大家都各抒己见，畅所欲言。我每天都期待着去上班。而在伦敦大学学院则不同，大家整天都待在自己的办公室里，彼此之间几乎没有交流，我很难去了解他们。不过，对我来说，这里的工作性质弥补了我社交生活方面的缺失，很快我就和全英国的环境考古学家们交上了朋友。

那是一段令人着迷的时光。通过对考古遗址的沉积物及周围环境的分析，能够确定古代景观的变化，确定史前人类种植的农作物和养殖的畜牧的种类。这意味着我要花好几个星期的时间在全国各地的考古遗址间来回奔波，采集地下的土壤和沉积物样品并带回实验室，然后对从沉积物岩心和岩块中提取的有机物进行漫长而危险的化学分析。我对旧石器时代到中世纪时期的样品进行了逐一分析，在这个过程中，我逐渐意识到我所使用的技术的潜力和局限性。我的具体工作是利用样品中的有机颗粒、花粉粒和孢子来实现环境重建。在我看来，环境考古学家的作用是为地下遗址赋予色彩、生命和意义。

我对不同的遗址进行了分析，包括哈德良长城上的堡垒及它北部的深潭，庞贝古城中的旅馆遗迹，还有希思罗机场5号航站楼下的多相遗迹。我在希思罗机场的遗迹里发现了风景如画的青铜时代景观。4000 年前，那里肯定是一派田园牧歌的景象，蓝天白云，牛羊遍地，长而漂亮的灌木篱笆墙将牛羊和谷物田地分开。我们的工作是戴着厚镜片观察过去，虽然我们能够很好地了解当时的土地使用情况，但要将观察到的结果与现代人种做比较，以此来检验我们的推断。我们并不知道我们的解释是否真的准确。虽然报酬丰厚，但对我而言最重要的是能与其他环境考古学家一起在现场工作。我分析花粉和孢子（孢粉类型），彼得·墨菲（我的一位特殊的朋友，在东安格利亚大学任职）专门研究种子、软体动物的壳或是其他肉眼可见的植物碎片，其他人则分析动物骨头或人类遗骸。而我的另一位特殊的朋友——理查德·麦克菲尔，他是位土壤微观形态学家，和我一起在研究所工作。他将土壤埋入树脂里，使其成块，再将其切成薄片，然后在显微镜下进行观察，从而发现人类活动的痕迹。我对他的研究领域也一样感兴趣。想象一下，如果你能看到地表下的部分土壤（所有的矿物质和生物都悬浮在那里，就像在"冰"里一样），就能发现隐藏在那里的一个微观世界。这些土壤养育着植物、动物和人类，我们中的一些人通过还原过去的景观将它们"活灵活现地展现出来"。

我们举办了很多有趣的会议。在考古现场和会议上，我们一起制作了许多关于古代侵略与发展阶段所发生的事情的图片集。当你参观博物馆，看到里面重建的罗马农场、撒克逊村庄或石器时代小屋时，应该感谢那些考古学专家，感谢他们为了还原这些环境所做出的贡献。正是由于他们，我们才得以看到如此贴近真相的历史。在我看来，如果没有他们，考古学就是枯燥无味的——仅仅是一堆燧石、陶器、石头和金属，偶尔还会蹦出一两根骨头、一些珠宝或石刻。从本质上来说，考古学家仅仅是在进行一丝不苟的挖掘工作，并将样品从现场带回来。但想要让这些样品看起来充满生机，需要众多学科专家的共同努力。这些学科包括冶金学、陶器学、昆虫学、植物学、骨学以及古代和地下土壤微观形态学。不过遗憾的是，大多数人并不了解这些。

对我来说，花粉、孢子以及其他许多微观物质都代表着过去。在缺氧或酸性条件下，细菌和真菌的活性就会降低，花粉就能保存数千年。我们不能忽略或错过任何一个微观粒子，哪怕是一个无关紧要的粒子，因为它的身上可能承载着有用的信息。处理后的样品将被永久地固定在载玻片上。接下来我便要开始进行严苛的工作。我要在显微镜前枯坐几个小时，在载玻片上严格地按照顺序扫描样品，坚决不能放过任何一个细节，以防漏掉任何重要的信息。我对重建古代景观非常感兴趣，能和其他领域的专家一起工作真是太棒了，因为将我们的工作结合起来就能还原古代的场景。我对当时的一切都非常满意，所以，当那天的电话铃响起来时，我并没有想到它会翻开我人生的新篇章。

电话那头是位赫特福德郡警察局的警察，他带着浓重的格拉斯哥口音。

"你是帕特里夏·威尔特希尔吗？"他问道，"我们在英国皇家植物园（邱园）知道了你的名字。他们帮不了我们……"说到这里，他稍稍顿了一下，"……但他们说你可以。"

就在几分钟前，我的思维还停留在新石器时代的某个地方，想象着原始人类刀耕火种的情景。然而现在却突然被拉回到现实里，我有些茫然。

"嗯……我是帕特。"我犹豫了一下。

我很好奇，因为之前从来没有警察联系过我。

"请问需要我做什么吗？"我问道。

"你是位……科学家？"

"不完全是，"对于这种常见的错误，我尽量装出一副很有耐心的样子，对他解释道，"准确来说，我是一位孢粉学家。"

根据字面意思来看，孢粉学就是"对灰尘进行研究"，或者更确切地说，是对花粉、孢子以及所有其他微观孢粉形态和微粒进行研究。我们可以从空气、水、沉积物、某些土壤和植被中收集到这些微粒。成为一名孢粉学家原本不在我的计划之内，然而生活就是这么有趣，它一步步引导着我成为孢粉学家。当然，我非常喜欢这个职业，这可比当老师自由多了。

电话那头的警官仍在等待着我的回答。

"你为什么需要孢粉学家？"我问道。

他坦率地说出了原因："我们遇到了一起谋杀案。"我几乎笑出声来，因为他有苏格兰口音，把"r"发得很响，"murder"（谋杀）的音被拖得老长。在我看来，这一切都太假了，简直就像是一场在伦敦西区上演的戏剧。

"谋杀？我有什么能帮到你吗？"我问。

"我们有一具尸体和一辆车。"

我常常将这次谈话看作我生命的转折点。事实上，当我第一次听到"谋杀"这个词时，就非常感兴趣。因为当你日复一日、年复一年地从事实验室工作时，外界的细微干扰都会让你变得非常兴奋。虽然我曾在伦敦国王学院教授过关于生物的腐烂和降解之类的知识，但说实话，除我的家人外，我还从未见过其他人的尸体。我所教授的课程涉及微生物、细菌和真菌的分解作用，但这些尸体有些是鸟类的，有些是树木的。我真的要去研究死人吗？虽然从学术上来讲，这并没有什么，但从其他方面来说，这简直就是一次质的飞跃，而我对此却没有丝毫准备。

警官向我叙述了他认为我应该知道的一切。他们在赫特福德郡乡下的一个田沟里发现了一具尸体，看起来好像是意外死亡的。

"这是一起黑社会犯罪案件。"警官说。

黑社会？在我的想象中它存在于电视里或夏洛克·福尔摩斯的世界里——现实中我却从未接触过。不过，大家都知道黑社会的危险性，他们的行为会给社会带来严重的后果。这次，他们并不想杀死受害者，在他结婚那天他们在一个妓女的床上绑架了他，而不是从他妻子的床上。这一切对我来说，简直就像个故事，我感到非常震惊。我以前从未遇到过这样的事。我住的地方连个涂鸦都没有，虽然我偶尔也会想想车站附近是否发生过自行车失窃案。

死者是黑社会成员，他负责洗钱和买卖产业。不过他却犯了监守自盗的大忌，他的同伙发现后非常生气，想要狠狠地教训他一顿，于是将他捆了起来，并把他扔到了货车车厢里。但是他们没想到，由于死者是个大块头，他的双手双脚一起被绑在胸前使他身上的肥肉压迫着内脏，最终导致他因心力衰竭和肺衰竭而死。换句话说，他实际上是被自己压死的。

当我第一次见到警察时，他们仅仅给我提供了一辆车，这是嫌疑人抛尸用的厢式货车，但这辆车已经被处理过了。当嫌疑人发现受害人死亡后就变得仓皇失措，他们想把尸体扔到威尔士的某个偏远地区，但在慌乱中迷失了方向。从伦敦到威尔士需要沿着 M4 高速公路向西走，但他们却沿着赫特福德郡的 A10 公路向北走。他们不断前行，并在一片漆黑中寻找着合适的抛尸位置。当他们在 A10 公路旁发现了一条直通田野的小路时，长舒了一口气。

他们把尸体扔进田沟，妄图通过火烧来掩盖死者的身份。在我看来，这是他们犯的第二个错误。其实，田野周围全是灌木和草丛，环境非常隐蔽，完全可以遮盖尸体。如果不去碰他，除苍蝇、食腐动物（如老鼠、鸟类、狐狸和獾）以外就没人会发现。蚯蚓、蛞蝓、蜗牛、甲虫和蚂蚁很快就会发现尸体，不出一个季节（尤其是天气暖和的时候），尸体就会被它们吃光，连骨头都不会剩下——吃剩的骨头渣会被蚯蚓埋掉。蚯蚓的这个特点是达尔文发现的，他通过研究自家的铺路石发现了这点——如果地上有个长期不动的东西，蚯蚓就会埋掉它。回到本案中，凶手点燃的那具尸体就仿佛是个灯塔，指引着人们去发现他们的罪恶。第二天，有位农民注意到了还在冒烟的尸体，随后警察就知道了。

"我们已经把他们拘留起来了。"警官说。我现在才知道这位警官叫比尔·布赖登，大英帝国勋章获得者。"我们拿到了他们的车，确定他们就是凶手。但……我们需要证据。"他停顿了一下说，"我们的头儿想要……玉米花粉。"

他的头儿是我见过非常具魅力的人之一，名叫保罗·多克利，是位既聪明又年轻的警长。虽然在此之前，我从未和警察打过交道，但现在我遇到了两个不错的家伙——比尔和保罗，他们至今仍是我的朋友。他们非常支持我的工作，也非常支持法医生态学。

"玉米花粉吗？"我问。

"凶手把车开进了地里，还将尸体扔进了沟里。农民告诉我们沟里通常种着玉米。我们的头儿认为，如果嫌疑人曾开车穿过田野，那么车上可能会沾上玉米花粉。这就是请你来此的原因。我们需要有人能确切地告诉我们，这辆车是否进过那块地。"

他说这是一种新方法，任何警队都没有用过这种方法。我曾在一些流行杂志上的奇怪文章中看到过这些，也曾暗自想过。但我从未想到自己会有幸以此方式参与到这样的案件中。他也不太清楚为什么保罗会想到玉米花粉。虽然没看到那辆车，但我知道成功的希望渺茫。从时间上来看，现在是 5 月，英格兰南部的玉米至少还要6 周才能进入花期。不仅如此，农民在耕地、施肥的过程中提高了土壤的营养水平和通气条件，从而增强了微生物的活性。尤其是英格兰南部的农田，它的土壤中富含真菌、细菌和其他微生物，有机物很容易被降解。我认为在这种环境中，花粉和孢子会被降解。

然而……

"谁知道呢？"我对他说道，"说不定在哪个微环境里还有花粉幸存。"

"真的吗，"他说，"你真的可以做到吗？"

"好吧，我可以试试，不过别抱太大希望，因为在这种环境下，有可能什么也找不到。"接着，我就开始向他解释耕作的潜在问题。

虽然就要检查尸体了，但我却没有为此感到烦恼。我仍然记得我抱着一条被肢解的腿走在查令十字医院走廊的场景，最后它被送到实验室进行输液实验。从我的观点来看，尸体就是尸体，只不过是血、肉、骨头的组合物。对我来说，这是一个巨大的未知数，为此我很烦恼。警察工作离我的生活很远，那是一个我从未想过要去的世界，而且，我根本不懂法医鉴定的相关内容，也从未听过"痕量证据"，更不了解其他术语、缩写词和短语。在我的日常生活中，我习惯于想象过去的景观，但如今要去想象现在的景观，去寻找那些被遗忘的东西，去发明以前从未发明过的程序吗？当我听到电话另一端警官的呼吸声时，一个全新的领域似乎在召唤我。我产生了一种《星际迷航》中的感觉——"勇敢地去做！"

我想：为什么不去呢？你以前也这样做过呀。你先在实验室和医院工作，然后又在著名的建筑企业当秘书，之后又成为微生物学家，再后来又成为孢粉学家。法医工作难道不是科学的一部分吗？为什么不继续保持好奇心呢？为什么不大胆尝试呢？你从来没有规划过自己的生活，为什么不抓住现在的机会呢？

如果你不去尝试，那就真的做不了了，不去冒险就没有收获。但这些对我来说无所谓，我喜欢我的考古工作，总是有过去的特色等着我去挖掘和发现。因此，在那天接完电话后，我几乎没有想过死者和比尔的格拉斯哥式口音。这个案件听起来像是个有趣的练习，仅此而已。我并不知道它决定了我后半生的方向。

警察的车库里停着那辆用来抛尸的车，它和其他的旧车看起来没什么两样。表面上沾了一些泥土，轮胎上布满了灰尘，车门的底部也满是污泥。车库管理员将我领进车房，并打开了屋顶的灯，灯光照亮了那辆抛尸的车，它看上去并没有什么特别之处。"真不知道他们叫你来做什么。"管理员露出了轻蔑的表情，傲慢地看着我，似乎在嘲笑。不过，我早就预料到了这种情景。"到处都是花粉。那辆车颠簸得很厉害。先整体看看吧……"

我仔细观察了车的两边。从外部来看，它似乎蕴含了大量的信息。但是如何提取这些信息？又该从哪里下手呢？我对此毫无头绪。

我向警察要了抛尸地的表层土壤样品和车轮痕迹上的样品并依照惯例处理了这些样品。正如我所料，在显微镜里只能看到一个残存的纤维素斑点，它被番红染成了红色。剩下的都是背景，偶尔夹杂着一个已经腐烂得认不出来的花粉粒。我对土壤中的有机物已经被彻底降解的预测是正确的。看着轮胎上的泥土痕迹，车轮井里堆积的黑色淤泥以及脚垫上那模糊的脚印，我真的怀疑自己是否能发现点什么。但是车库管理员一直盯着我，他那副轻视的嘴脸刺激了我。在这里我什么也做不了，也受够了工作人员的态度，于是让他把最有用的部件送到了我的实验室。

车辆的底盘结构差异很大，虽然我现在知道在哪里能收集到有效证据，但那时的我对此毫无头绪。在那之前，我从未见过任何机动车的底部，更不用说那些离我的脸只有5厘米远的油乎乎、脏兮兮的金属管道和框架了！我很快就意识到，我必须尽我最大的努力，通过反复试验找到最有效的采样方法。我在从事考古工作时，常常擦拭各种各样的古文物，以便了解这些文物所包含的成分。那么，这两项工作有什么区别吗？我开始利用自己的常识，让他们把脚垫、踏板、保险杠、空气过滤器和散热器这些最容易拿掉的东西给我拿来。一开始我忽略了轮子，因为它们会沾上很多地方的孢粉。我只是简单地认为，人们会把鞋上和物品上的微观物质沾到车上。这个简单的逻辑指引着我进行采样，如果我错了还可以重新采样，因为车就放在车库里。

终于不用再看到那个既刻薄又粗鲁的车库管理员了，我非常开心。回到实验室后，我仔细地擦拭、清洗着每件证物，对洗过的淤泥进行了筛分，以便将它们离心成浓缩的颗粒。在所有证物里，最难处理的就是散热器，因为里面有很多昆虫。我取出它们，并请同事帮忙看了一下，其余的工作继续由我进行。

果然到处都是花粉。虽然车库管理员对我的工作不屑一顾，但有一件事他是对的——整个车身就是个微型植物园，上面沾满了各式各样的花粉，而且它们来自不同的地方。我按照标准的考古学方法来处理这些样品，按顺序使用强毒酸来硝化土壤中的背景基质——石英（沙子）、黏土、纤维素、木质素和腐殖酸。经过一系列的处理后，最好的情况是只留下了各种类型的孢粉。

背景基质都被腐蚀了，但孢粉还在，大家可能会觉得不可思议。事实上确实如此，这些孢囊、花粉粒、孢子、真菌残留物、昆虫和甲壳类动物的外壳中都含有令人难以置信的抗性聚合物，从而使孢粉在经历了严苛的处理过程后依然能被保存下来。这些聚合物在植物中被称为孢粉素，在真菌和动物中被称为几丁质。样品的处理过程非常危险，不得单独进行实验，而且必须做好个人防护工作。操作者需要穿多层防护服、戴手套和口罩。在实验过程中，任何人都不得进入洁净区内以防止污染空气（将花粉粒带入实验室）。我在实验室周围、窗台上、通风柜的表面和其他地方随机放置了载玻片。这样，我就可以检查空气中的悬浮污染物。我还对各种试剂进行了空白测试，以确保它们没有受到任何污染。

一旦土壤中的背景基质被移除，我就会对奇迹般存活下来的花粉、孢子和其他有机残留物进行染色和包埋。将包埋好的样品放在载玻片上，使其凝固之后，最困难的工作开始了。我从未检查过车辆、衣服、鞋子等这么现代并常见的东西。但很快，我就被它们迷住了。车上的每个样品都含有大量的花粉、孢子和昆虫碎片以及一些被无法立即识别的微观颗粒。

通过对汽车散热器里吸入的昆虫进行分析，我可以知道这辆车曾经去过哪里——从农村到城市，从农田到林地。谁知道它们在散热器里待了多久？轮胎上也布满了孢粉，它们肯定来自不同的地方（甚至来自几百个地方），底盘上也一样，什么样的痕迹都有——材料碎片、植物碎屑、土块和水坑。我成功地提取到了各种微观颗粒，它们多种多样、保存完好，但……没什么用。虽然样品涵盖的信息量很大，却毫无价值。随着研究工作的不断深入，我发现的孢粉信息逐渐变得更加具体。轮胎能从汽车驶过的每个地方收集灰尘，但轮胎内壁上的样品却比较独特，因为很少有花粉能进入这里。我逐渐知道汽车的不同部位所代表的信息不同。虽然差别不大，但就微观世界而言，再小的差异都应值得注意。在汽车外部采集的样品中，优势花粉是树木花粉。

当我开始研究汽车的内部，并以为自己可以大踏步向前走的时候，一切似乎都改变了。

我没想到会是这样，汽车内部很干净，没有肉眼可见的污垢。我分析了座椅、空气过滤器、窗框及车里的边边角角，但结果并不乐观。脚踏板的花粉图谱和脚下的垫子的花粉图谱基本一致，在这种情况下肯定没有完全一致的花粉图谱，不过它们的结果都指向同样的地方。花粉图谱里不仅含有山茱萸、犬蔷薇、橡树、山楂、野蔷薇、野枫、常青藤，还有大量的李属花粉。我开始仔细分析这个植物群落，最后确信，李属就是黑刺李。这是一种非常常见的植物，它的果实像李子一样，可以做成美味的黑刺李金酒。令人激动的是，我还发现了那种在耕地边缘大量存在的杂草的花粉。在考古学中，它们被认为是指标植物，这也证明这些植物在此生长过——黑色龙葵、罂粟、白色野芝麻、刺荨麻、水苏、酸模、藜属植物、稻科植物等。除此之外，我还发现了一些谷类花粉。谷类是禾本科植物，虽然禾本科植物的花粉粒很相似，大小却不同。很明显，这些谷类花粉不是草花粉，因为它们的个头要比草花粉大很多。同样它们也不是玉米花粉，因为它们比玉米花粉的个头要小得多。它们也不是黑麦花粉，因为它们是圆形的，并不是锥形的。所以，它们可能是小麦或大麦的花粉。我的脑海中渐渐浮现出一个地方。他们告诉我，汽车开进了一片玉米地，但我没发现任何玉米花粉，同样也没料到会出现现在的结果。冬末或早春，农民会对土壤进行曝气，这样能提高微生物的活性，提高它们的降解能力，从而也会加快花粉消失的速度。但是，田地边缘的土壤无法获得常规剂量的化肥和杀虫剂，也无法通过耕作曝气。这就意味着微生物的活性会大大降低，花粉和孢子可能会被保存下来。在这种情况下，面对如此多的禾本植物，任何进入沟中的人都会沾到它们。这些花粉会沾到人们的鞋上，落在灌木和树木上或者随着空气飘向远方。甚至几年前的花粉和孢子还沾在植物的茎叶上，随着植物晃动，不断落进沟里。

观察样品并记录结果是一项枯燥而又乏味的工作，但当你能够通过现有的证据还原一幅图像时，会得到最大的回报。对我来讲，这份花粉图谱所代表的植物群落是比较常见的。在考古工作中，这个组合非常经典，自首批农民种植农作物开始它就一直存在，它已经在英国存在了数千年。在此期间，耕地边缘的植被也在不断地发展。

我在样品里没有发现玉米花粉，但发现了一些几年前的植被花粉，这些植被生长在农作物周围。这表明那辆车上的嫌疑人曾踩到了耕地边缘的植被，而这块植被就像个物种丰富的树篱。通过发现的花粉，我可以推断出，这可能是个古老的树篱，它可能生长在一个在遥远的过去因挖沟而形成的河岸上。实际上，我们像是在研究一个考古学的特征，然后把它们拼凑在了一起。

我拿起了电话。

太阳西移，当阳光斜射入树林时，警官的车停了下来，我从后座爬了出来。当我听到能亲自来此看看时，就迫不及待地来了。这就是那个树篱，它一直延伸到田野的边缘。在路的另一边，200米开外的地方，有一片小麦地——这可能就是样品中谷类花粉的来源。不过，我十分惊讶，它竟然能飘这么远。有实验表明，小麦花粉只能到达离小麦几米远的地方——所以这点与标准文献里所描述的不同。

从农民的角度来讲，树篱边的空地都被浪费了，对野生动植物来说却不是。这是它们的天堂。树篱里栖息着数百种生物——植物、昆虫、鸟类和其他动物。现在，沿着我面前这个长着野蔷薇、荨麻及满是禾本科植物的河岸往前走，就能发现那个焚尸点——嫌疑人想永远毁掉尸体的地方。

由于构成树篱的灌木不同，所以树篱高矮不一。这里的物种非常丰富，每种植物都有自己的花粉，无论你接触到哪个，都会在你的身上留下痕迹。这里生机盎然，与田地里那片光秃秃的土壤形成了鲜明的对比。如果当时车辆开进了一片玉米地，那么证据就非常好找了，因为田野里的玉米花粉会把车辆和车上的嫌疑人淹没。然而，这样的情况是非常罕见的，本案中肯定不是这种情况。虽然这个环境的物种非常丰富，也留下了很多痕迹，但是，如果我没有因多年考古工作而积累的经验，可能就不会把二者结合起来并认识到它的重要性。

当我看到这些花粉组合时，回忆起了之前的考古工作，忽然就想起了树篱。在考古学中，当我们发现某些花粉组合在一起时，就代表这儿有个灌木篱笆墙，也就代表着这片土地曾被人们耕种过，因此我们就能还原出那时的景观了。现在，当我看见这个树篱时，另一个想法又袭上了心头。是什么使树篱的一部分与另一部分不同？英国的树篱有着几千年的历史。最古老的树篱可以追溯到几千年前，从铁器时代的凯尔特人开始算起，其间经历了罗马人离开后的黑暗时代，又经历了很多国王和王后，一直延续到现在。

树篱的形成方式多种多样，有些甚至是我们青铜时代的祖先为了争夺土地进行耕种而形成的遗迹。它们现在依然存在，你往往可以在沟渠和河岸边看到它们。人们往往用它们来分割大片的土地，在各地之间形成屏障，以此来标记所有权或边界。在古代，边界是部落领土之间的标记。虽然它们大多已经被人们遗忘了，但还是随处可见的。

我能看到远处的枫树林，但附近只有山楂树和橡树。在古生态学（研究过去的生态学）和考古学中，你挖掘的程度越深，研究的年代就越久远。你数着幸存的花粉粒，推测着不同植物所占的比例，并观察随着时间的流逝，桦树是如何成为优势物种又慢慢衰退，逐渐依次被松树、赤杨、榆树和酸橙取代的，然后再开始研究它们是如何被人类移走的，是如何被草本植物以及高地、荒原上的石楠花取代的。在考古学中，你可以推断出不同植物随时间变化的命运，而且所有的样品都来自沉积物，一些微小的差异也会被压缩在一起。但对法医生态学来说，所有的样品都只是个快照。它与考古学或古生态学的不同之处在于，它并不需要对环境变化做出长期推演，最重要的事情是观察当时犯罪现场的环境。考古学的本质是三维分析，因为涉及时间，而时间则是由沉积物的深度来表示的。法医生态学则是二维分析，仅有长度和宽度。我根本不用去考虑时间变化。

我灵光一现：这里有这么多的橡树，为什么样品中却只发现了几粒橡树花粉？为什么样品中有大量的黑刺树、黑龙葵和野芝麻的花粉，但现场却一株植物也没有呢？这一切应该有个合理的解释。其实，这不是一个大树篱，它是由许多小树篱组成的，每个小树篱之间都存在差别，但又相互融为一体。对现在的我来说，这是一件非常明显的事情，但当时的我并不知道。在这种情况下，没人真正理解花粉的沉降规律。

当我观察着树篱，思绪不断向外扩散时，犯罪现场的调查员问我："你想看看他们把尸体放在哪儿了吗？"

"嗯，事实上，我想自己找到它。"

我们沿着一个个树篱往下走，但并没有出现我脑海中的那个图像。我必须记住那些被嫌疑人带回来的树木和草本植物。树篱错了，错了，错了——然后，突然，它是对的。

"我敢打赌就在这里。"

警官们看着我。副警长的脸上露出了笑容："你是怎么推测出来的，帕特？"

"因为我已经看过了……一切都深深地印在了我的脑海里。"我看见黑刺李和野生枫树交缠在一起，常春藤不知不觉地爬满了山楂树顶端。青草、白色野芝麻、黑龙葵、水苏、酸模、藜和一些荨麻，它们在裸露的土壤和沟渠之间形成了稠密的植物堤岸，它们的花粉撒满了堤岸。罪犯们踩着这些花粉回到车里。那个树篱和堤岸见证了他们焚尸潜逃的过程，现在正在为死者伸张正义。

我们站在那里，夏日的骄阳炙烤着大地，灌木上的黑刺李长大了许多，我沿着灌木篱笆向后望去。我是怎么知道焚尸点就是这里的？事实是这样的：它们只能在这里生长。树篱的其余部分是……错的。它不可能提供与我在车上发现的花粉相匹配的花粉组合。当时我突然想到，也许我早就该想到，真实世界的复杂性远远超出了我们的想象。尸体只能躺在这片田野边缘的某个地方，同样，实验室的所有线索也都指向这里，这与犯罪现场的场景非常吻合。沿着树篱方向走10码（10码≈9米），植物群落就会发生变化；再走10码，变化就更大了。这样看来，花粉组合具有很高的特异性。

地面上的花粉与那些生长在非常靠近罪犯停车地的植物非常匹配，现在看起来很可笑，但是当时我真的很吃惊。但谷物花粉是个例外。它来自道路的另一边，飘过了宽阔的道路，至少飘了400米远。这对我来说是个启示。但书和论文告诉我们，不远处生长的植物对结果没有什么影响。现在，我对孢粉学教科书和论文中的许多知识持怀疑态度，它们至少在某些方面需要修改。

如果仅仅一个树篱的不同部分之间就有这么大的差异，那么我想知道，我们每天走过的林地、草地、草地边缘、花园中的植物和真菌群落的差异会有多大。如果每片玉米地的边缘都截然不同，那么这是否意味着每平方米内的微环境也是完全不同的，就像我们人与人之间的差异那么大？也许，在汽车的后备厢、车轮拱、门垫或踏板上提取到的花粉和其他微观物质，能像利用指纹确定某人接触过什么、做过什么一样独一无二。受害者被丢弃在赫特福德郡的一处灌木篱墙旁，已经腐烂。我对洛卡德物质交换定律——"凡有接触，必留痕迹"有了新的顿悟：我原以为自己非常熟悉大自然，但事实上只不过是略懂皮毛。我曾多次远眺这个陌生的、充满奇迹的世界，现在看来，它似乎变得更陌生也更奇妙了。我的孢粉结果提供了令人信服的证据，证明了那辆车上的嫌疑人曾到过那条沟渠的边缘。很久以后，我才听到案件的审判结果，显然，我提供的证据为审判及定罪嫌疑人提供了重要依据。

·第四章
童年与大自然

昆虫最多的地方是草坪的边缘，那里有蜗牛壳、多腿动物和不同颜色的小碎片（我现在知道它们是矿物质）。虽然要修剪很多草，但我也可以用剪刀在土里戳来戳去。然后我很快就发现，它不仅仅是一块棕色的东西，即使在很短的距离内，土壤的变化也是无穷的。这里还有很多有腿的生物。

我出生在威尔士采矿村的一间简陋民房里。那时正值二战中期，恰巧又是个寒冷的冬天。有人可能会说，生在这个时候并不是件好事。

　　那时，世界充满了苦难，不过那些都离我很远。我生活在拉姆尼河以东距山顶半英里（半英里≈800米）的地方，在那里，漆黑的煤浆汩汩作响，溅起的水花一直流到塞文河河口。它把格温特郡和格拉摩根郡分离开来，虽然它们仅仅隔了一条河的距离，但格拉摩根人与生活在格温特郡的我们是不同的。我们这里有更多颜色。以我住的地方为中心，向北面看去是布莱克山脉和布雷肯灯塔，南面不远处则是大海，东面几英里处是波光粼粼的海水和青翠的瓦伊山谷。房子后面有一条陡峭的小路，沿着小路爬上去就能看到广阔的裸山景色。我们住的地方几乎没有花园，因为总有羊从山上跑下来，跑下来的母羊像女王一样骄傲地在村庄的街道上巡视，它的后面则跟着一群脏兮兮的小羊，最后在街上留下一地散落的羊毛。

抛去寒冷的冬天和残酷的战争，对我来说，最大的不幸是出生在这样的家庭。按照习俗，我母亲在结婚 3 年后生了孩子，但她生我时太年轻了，还不到 22 岁。我的父亲只比她大 4 岁，他在矿井里工作，因为他在那里的作用比在军队里更大。在这个小地方，他们是比较出众的一对。我母亲身材娇小性格活泼，皮肤像牛奶一样白嫩，长着一头浅色的头发，还有一双迷人的蓝眼睛。我父亲长得像克拉克·盖博或埃罗尔·弗林，他有一头乌黑浓密的头发、弯弯的眉毛、好莱坞式的黑色小胡子、深邃的蓝眼睛和富有磁性的声音。他身材非常好，全身上下没有一丝赘肉，还有六块腹肌。当然，这不是在健身房锻炼得来的，而是因为常年的煤矿工作。在公司里，他极具个人魅力，而且与他一起工作的女同事们也很迷人。这让我母亲感到十分不安，虽然她也有很多崇拜者。还记得她年轻模样的人告诉我，她在小村庄里就像个电影明星一样耀眼。她每天都把自己打扮得漂漂亮亮，头发梳得整整齐齐，还涂着漂亮的口红。这与她周围那些劳苦的年轻人形成了鲜明的对比。一开始，他们的婚姻也很美好，但之后她就因成为矿工的妻子而变得邋遢了。当时的习惯是，妻子一般会把头发包在头巾里，用威尔士披肩裹住身体，再把孩子吊在胸前，这样就能解放双手，以便自由工作了。但我母亲坚决不愿接受这样的束缚，所以我从来也没有过那种因长时间依偎在母亲的胸膛而感到的安全感。不过，我还能清楚地记得她的气味。后来，他们的婚姻就变得很不稳定，如果我大度一些的话就会这样

说：我父母也没办法改变什么。但我生活在这样的家庭里，真的很
难原谅他们所做的一切。

时代在不停发展，即使一些旧习俗被传承了下来，但当时的世界
与现今的世界真的大不相同。那时，每个人都知道别人家的事情，或
者以为自己知道。我的婶婶、叔叔、堂兄弟们都住在同一条街上，我
的祖父母在山顶开了一家小杂货铺。我儿时的那些记忆就像一块块
彩色玻璃，有些清晰，有些模糊，有些甚至是扭曲的。不过我还清晰
地记着，我曾坐在一辆黑色汽车的皮革后座上，双脚伸开。当时我
很困惑，因为我的腿比别人的腿短很多，而且我不喜欢我当时穿的
那双鞋子。当我第一次把这件事告诉我母亲时，她十分惊讶，并且
不相信我能记得这些，直到我向她描述了一下我的穿着：一件袖子
特别紧的黄色小丝绸连衣裙和一双脚趾处有黄色条纹的绿鞋子。当
我回忆起有一次我穿着一件对我来说很大的粉红色的硬纱连衣裙，
坐在伊娃阿姨前屋的椅子上拍照的情景时，她同样惊呆了。那件衣
服是澳大利亚的亲戚寄来的，我们全家人都曾为它感到自豪。我的
母亲简直不敢相信我能回忆得如此准确，她抗议道："你在车里时
才18个月大，拍那张照片时你只有2岁！"但我确实记得，它们铭
刻在我的记忆中。即使是现在，当我回首往事时，也会为一个年幼
的孩子能如此果断并善于分析而感到惊讶。因此，永远不要低估一
个蹒跚学步的孩子，他或她可能会记住那些你想忘记的事情。

当然，我们是父母基因结合的产物，会受到父母遗传的影响，但
"我们最终会怎样"同时还取决于我们的童年和生活经历。我想，

人们认为我外向、自信、果断，就像我的父母一样不仅因为有我父母的遗传因素，还有周围人的影响。遗传基因被调节了。在我们这里，每当家里有客人来访时，所有的小朋友都要背诵、唱歌或演奏令人头疼的钢琴曲。而且，父母不允许孩子拒绝或害羞。也许这是一种很好的沟通训练。我们的小村庄盛产老师，而威尔士人则更喜欢戏剧。

　　与现在的年轻人相比，我们那时从不害怕陌生人。只要有外人进入我们的村庄，我们很快就能认出他。但我们几乎见不到外人。在离开山谷之前，我从未见过黑人，不过有一些黑人住在加的夫码头区。除来自迪恩森林的弗雷德叔叔的外国口音外，我从未听过其他口音。我们这个小地方还有个名人。大家都认识他，但没人害怕他。据说他学习非常用功，但最后"学傻了"。他是个可怜人——总是穿着一件旧军大衣，无精打采地走来走去，大家都叫他"奥根摩根"。那时我并不知道这是什么意思，不过现在知道了。我和我最好的朋友在"探险"的时候偶尔会看到他。我们都喜欢读伊妮德·布莱顿的《疯狂侦探团》，而且相信一定能解开谜团。我们自己做了果酱三明治，然后拿着从食品储藏室里取出来的蛋糕，上山去寻找需要解决的问题。我们站在湿漉漉的沼泽地里，去采很少见的欧洲越橘（一种个头较小的美国蓝莓，属于英国蓝莓的"表亲"），嘴巴、手和膝盖都被它染紫了。不过，有时我们会碰到一群山地小马，它们会抢我们袋子里的食物，每当遇到这种情况我们都会有些害怕。它们总是在山谷间漫步，一有机会，就会找你蹭吃蹭喝。

每当我回想起那段无拘无束的童年生活时，就会为现在的孩子感到难过，他们被封闭了起来，电子游戏取代了一切幻想。我留恋那个纯真年代，当时的我们还那么小，却可以在无人看管的情况下游荡那么远，而且没人觉得应该接送我们上下学。与现在孩子们的生活相比，那种无拘无束的生活是多么正常啊。

我是个爱学习的孩子。那座结实的、矮胖矮胖的三角形砂岩建筑物就是我的一切，它周围环绕着一个大操场和高高的铁栏杆。学校里有很多有趣的老师，他们使枯燥的学习过程充满了乐趣。而且我坚信，我们的校长戴维斯先生就是"耶稣"。我当时十分确定，因为他有个奇怪的鼻孔，而且手掌上还有伤疤。虽然我母亲向我解释说，那是他在战争中受的伤，但我一点儿也不相信。戴维斯先生的为人处世也像耶稣。他很善良，我们每个人都很爱他。他与普罗伯特先生的性格正好相反，普罗伯特先生经常吓我们。普罗伯特曾在这所学校里教过我父亲。他和多年前一样，系着蝴蝶领结，穿着黑夹克和带鞋钉的靴子。当他走来走去，大声念课文的时候，靴子就会踢到木地板上的钉子，然后钉子就会迸出火花。在普罗伯特先生的教导下，最粗野的孩子也会被制服，连我的父亲在提起他的时候都带着勉强的尊敬。

我们学校孩子的父亲几乎都是矿工，只有几个孩子的父亲除外，但他们的父亲也没有找到合适的工作。总体来说，除极个别人外，我们都过得还算可以，吃得好，穿得也很讲究，行为举止也很端庄。我们村子里还有户人家，他家每年都有一个婴儿出生，孩子一个比一个小，一个比一个脆弱。有时我想，他们是怎么挤到那座小房子里的？他家总是在吃面包和果酱，无论什么天气，孩子们都穿着旧的高筒靴，露出腿上的皮屑。我还记得他们得了癣，头发都被剃光了，上面抹着龙胆紫，那时龙胆紫是治疗这种真菌病的唯一方法。他家的情况真的不太好，但我们从未幸灾乐祸过，我们村里的好心人还为他们送去过食物和自家孩子的旧衣服。不过，我们因为怕被传染而不敢靠他们太近，并对此感到很抱歉。

这么多年过去了，我仍然向往着那里的生活方式。那里的生活很简单，孩子们尊重大人，害怕"戴的书和铅笔"。戴是当地的警察，他总喜欢拿出自己的笔记本和铅笔来警告大家。事实上，我们那里民风淳朴，大多数人都怕做坏事。教堂和村里的同辈都盯着呢。这与现在的环境完全不同。现如今，即使再小的孩子也知道阶级、种族歧视、性变态和毒品。但我们那个时候根本不知道这些。这样看来，我的成长环境是多么淳朴啊。虽然有些人比较体面，但我们之间的差异非常小，没人会觉得自己比别人差。我想，在别人看来，我的家境比较好，因为我很干净，而且我父亲还有辆摩托车。我有很多玩具和书籍，我的外祖母给我做了很多精致的衣服。她还给我的玩具娃娃们做衣服。

我查阅了现代家谱网站，发现我的祖上是位农民，他的儿子离开了彭布罗克郡、拉德诺郡和格洛斯特郡，放弃了乡村的新鲜空气，想去19世纪克朗代克地区的煤矿上寻找财富，并在无意中破坏了我们美丽的威尔士山谷。我母亲的家庭则与此不同。她父亲是威尔士人，但她母亲是苏格兰农民和旅店老板的女儿。在 19 世纪 30 年代，他带着妻子和孩子，乘坐了 3 个月的小船，前往新南威尔士州，成了那里的佃农和淘金者。我是冒险家和勤劳工人的后代，他们具有吃苦耐劳的品质。尽管我的外祖母身材娇小，但她是力量和坚强的化身，我这一生中，她对我的影响最大。

我对父亲较早的记忆之一是他得了肺炎，躺在床上。当我这个小小的孩子爬到他身边的床上时，他浑身发抖，大汗淋漓，且不停地咳嗽。这是他在卡菲利山上的湿草地上执行警卫任务时染上的。那时还没有国家医疗服务系统，也没有现成的抗菌药物，我仍然记得他非常脆弱，仿佛随时都要死去，全家人都活在那种恐惧中。泡在热水里的柠檬似乎是唯一能缓解他痛苦的东西，他的床头一直放着水壶。那时，如果你生病后不能马上康复的话，就只能等死。你必须克制住咳嗽的欲望，以免其他人认为你有肺结核。那时候，肺结核还是一种无法治愈的疾病，它代表着耻辱。我对父亲另一个更加深刻的印象是我躺在床上，他的脸上挂满了泪水（我觉得这很奇怪），因为我也得了肺炎，他的小女儿可能就要死了。

那时，科学只前进了一小步，医生拿出了梅与贝克公司生产的药片，这是唯一有效的缓解方法。梅与贝克是一家制药公司，1937 年该公司负责生产磺胺吡啶，它是一系列磺胺类药物中的一种。可笑的是，早在 1906 年，德国就发现了这种化合物。它能治疗多种细菌疾病——从麻风病到淋病。它还治疗了温斯顿·丘吉尔的肺炎，让他能够继续作战。它的副作用很大，现在已经很少用它来治疗人类的疾病了，但是在 20 世纪 40 年代，即使是微小的细菌感染也可能会造成败血症和死亡。在这样的情况下，它拯救了很多人的生命。我在 7 岁的时候，就已经被认为是一个"脆弱"的孩子，并开始吃磺胺吡啶了。

另一个令我难忘的日子是一个炎热而晴朗的星期五，星期五代表……炸鱼和薯条。那天上午，学校的下课铃声刚响起，我就像箭一样冲出了校门，气喘吁吁地穿过学校和街道间的草地。我们家离这儿只有几百码（100 码 ≈ 90 米）远，但是对一个 7 岁的孩子来说，这段距离看起来有几英里那么远。尽管如此，我还是迫不及待地向前冲，母亲在每周五的中午都会为我做薯片，从时间上来看已经快好了。

回家后，我发现家里的前门是敞开的，我蹑手蹑脚地走进大厅，躲在厨房和餐厅间的墙边。那幢房子的设计真是太差了。冷藏室在餐厅外面，而不是厨房的外面。直到现在我也不知道为什么，当我母亲走近的时候，我要屏住呼吸藏在那里，她根本就没发现我。

我等啊等，等到她快要碰到我的时候，然后……我"嘘"了一声。

就像我所猜的那样，我母亲吓得直往后跳。但我却并没有笑多久，因为我吓唬她的时候，她手里正端着一锅滚烫的猪油，打算放到冷藏室去。

当她往后倒的时候，平底锅和滚烫的猪油都从她的手里飞了出来，我能看到它仿佛悬在我的上空。然后，它像波浪一样，掠过我的头发、脑袋、脖子和脸。我不停地尖叫着。

这么多年过去了，我仍能回想起那种疼痛，听到那一声声惨叫。惨叫声好像来自其他地方，但实际上那是我的声音，我就那样一直尖叫着。邻居们在听到我的惨叫声后都来到了我家。

然后我就什么都不记得了，过了一会儿，我父亲冲了进来。直到今天，我还能回想起他那时的表情。我躺在床上，头上缠满了绷带，只露出了眼睛和嘴巴，他看着我，双眼流露出恐惧。母亲站在门后，我看到父亲跪在我面前。我认为他从未真正原谅过母亲。我头上的绷带一缠就是 2 年。如果这件事发生在现在，会有救护车、植皮，以及其他的治疗方法。但那时的医疗条件相对比较落后，英国国民健康保险制度刚刚实行 2 年，我只能接受当地医生的治疗。即使 70 年过去了，我还需要仔细地梳理头发来掩盖头上的伤疤，也许这就是我能牢记那天的原因。

不久后，我身上的各种疾病开始反复发作。不知这一切是个巧合，还是因为烫伤后我的免疫力没有恢复，我同时得了百日咳和麻疹。支气管炎、肺炎和胸膜炎对我来说都是常见病，我的肺似乎再也没有好过，很快我就得了支气管扩张症。这是由于支气管及周围的肺组织慢性化脓和纤维化，从而破坏了支气管壁的肌肉和弹性组织，导致支气管变形及持久扩张，并产生很多浓痰。我的胸部很疼，不停地咳嗽，而且呼吸不畅，偶尔还会流血。从那时起，我就不能和其他孩子一样每天早起去学校上课了。我只能待在家里，坐在炉边的椅子上。老师有时会来看我，但在那时并没有什么保障制度可以帮助弱势儿童，也没有监管机制，我的学习变得宽松和随意起来。但谢天谢地，我喜欢阅读。我如饥似渴地读着学校寄给我的书以及我自己的阿瑟·梅伊写的《儿童百科全书》。磺胺吡啶药物治愈了我的身体，阿瑟·梅伊治愈了我的灵魂。我喜欢读的东西有很多，比如伊夫林在伦敦东区的一个作坊里发现了格林长臂猿、阿喀琉斯和他脆弱的脚后跟、电的发明及琥珀的特性。在百科全书的引导下，我学会了编织方格图案，认识了乐谱和世界各国的旗帜，阅读了伊索寓言、罗马神话、希腊神话和北欧神话。我还用毛毡做了拖鞋，鞋面是针织的，上面还有松紧带。除了我做的拖鞋我不喜欢在脚上穿其他任何东西。这些书非常神奇，我非常喜欢它们。所以，当后来我能去上学的时候，我仍会在胳膊下面夹一本书。

在我饱受病痛折磨的那些年里，我的外祖母非常精心地照顾着我。她会坐在我的床边，和我一起读《彼得兔》《福兹佩格去学校》《女人和家》、报纸，还有我最喜欢的百科全书。她会带我去看灌木篱笆墙里的植物，带我去找鸟窝，向我传授野外生存的知识。我的外祖母一直过着一种奇怪的生活——她在自己的每个孩子家轮流生活。我很希望她能一直在我家生活，因为在这个世界上，我最爱的人就是她。

长久以来，我一直忍受着烫伤后遗症的折磨，1950年，大家终于做了一个决定。我外祖母的表兄弟——格温和沃尔特分别在缅甸和印度生活了很久，后来定居在北威尔士的里尔。当时，缅甸和印度刚刚脱离了大英帝国的统治。我的肺依旧很痛，每呼吸一口气都很费劲。直到那时，我仍会咳出很多黏痰，而且也因为肺病而落下了很多功课。我曾在疗养院住过一段时间，但后来不想再回去了。那里的房间非常整洁，墙壁苍白而发亮，地板闪着冰冷的光，整个医院里都弥漫着一股干净的气味。医院的食物也很单一，早餐的腌鱼里满是骨头，我还没把骨头挑完就被一扫而空了。每天早上和傍晚，孩子们都要到特殊的房间里进行肺部清理。当我们在做呼吸练习时，背部就会被重击。其中一个小女孩儿的肩胛骨周围有一块青灰色的伤疤，一直延伸到胸前，我非常害怕自己也会有一块。因此，每当有人建议我回疗养院时，我都会大发脾气。出于这个原因，我和外祖母一起去了里尔，家人希望那里湿润的海洋性气候能为我的肺部带来一线生机。对于我这样足不出户又身体羸弱的小女孩儿来说，这简直就是一场梦寐以求的冒险之旅，尤其是当我想到我最喜欢的外祖母会和我一起去时，就兴奋得不能自已。

我的外祖母薇拉·梅是个非凡的女人。她身材瘦小，饱经风霜的脸上爬满了皱纹，头发在岁月的侵蚀下已经斑白。她戴着假牙，骄傲地站在那里向我们炫耀她种的薄荷。她非常能干，做事效率很高，对人对己都很严格，令人敬畏且非常善良。对于我那个不堪的家庭来讲，她是我的一切，我的依靠。

1890 年，外祖母出生在新南威尔士州悉尼市北部海岸，她是 19 世纪 30 年代开辟这片土地的佃农的后代。我的外祖父埃德蒙是一名来自威尔士南部的煤矿工人。1909 年，当他的肺部状况开始恶化时，他勇敢地离开了故土，踏上了新的征程。第一次世界大战即将爆发时，他们相遇了并迅速坠入爱河，最后步入了婚姻的殿堂。但正当他们期待着第一个孩子的降生时，有消息说外祖父的母亲病了。这名在威尔士独自生活的老妇人觉得自己快要死了，想在离世前看一眼孩子们。她这一生都非常强势，所以我的外祖父只能乖乖地回去。因此，1916 年，也就是索姆河战役爆发的那年，他和怀孕的外祖母一起登上了返乡的船，穿越了印度洋和大西洋，回到了他母亲身边。

他们竟然完好无损地回去了，这简直就是上天的眷顾。他们回到威尔士后发现，我曾祖母的身体依然健朗，并没有行将就木的样子。事实上，她一直顽强地活着，当我出生的时候，她仍是一个老态龙钟的婆婆。不过这个记忆非常模糊。尽管她还活着，但我的外祖父却再也没有兑现过带外祖母回澳大利亚的承诺。他们说，家的召唤是强烈的，威尔士人经常呼唤他们的儿女回家。最后，她接连生了两个儿子，不久，我母亲和第四个孩子也相继出生了。

1931 年，厄运降临到了这个家庭。我外祖父以前因肺部问题离开了威尔士，选择独自去面对，而如今旧疾卷土重来。同年，他就走了——留下外祖母独自拉扯 4 个孩子。外祖父一分钱也没有留给她。她举目无亲、无依无靠。矿主们也不想为此负责，声称导致外祖父死亡的是尘肺病，与他们无关。到最后，我可怜的外祖母身无分文，却要负担 4 个孩子的日常起居及家里所有的开支。

为了撑起这个家，她什么都做。给别人缝补、浆洗衣物；在后花园里养兔子；在笼子里养母鸡、收鸡蛋；养小公鸡，等它们长大后再吃掉；在房子周围的小块空地上种土豆、胡萝卜、韭菜和卷心菜。过去并没有冰箱和冰柜，所以她会把不吃的东西腌起来，尽可能多地储存食物，而且谁都不许浪费粮食。当欧洲越橘和黑莓成熟后，全家都要爬到山上去采摘，到冬天会收获颇多。

我的外祖母非常熟悉大自然。在野外，她知道哪些植物可以食用，哪些是有毒的；知道哪个是蘑菇，哪个是毒菌；知道山楂树的幼叶、灌木篱笆墙的植物和浆果的味道。整个世界就是一个天然的食物储藏室。凭借坚韧不拔的毅力、吃苦耐劳的精神和渊博的生活常识，她没让孩子们挨饿受冻，并且还让他们到学校里去学习知识。她的这些事迹，即使拿到现在来说，都非常了不起。所以，多年后，当我面部被烫伤，肺部也严重受损时，她又成了我坚实的依靠。她在我的卧室里，陪在我身边，给我讲述那些奇妙的事情。我的外祖母是个流浪者。她的孩子长大后都离开了家，离开了那个曾为他们遮风挡雨的地方，她知道她不用继续维持这个家了。后来，她的孩子们也都在不同的地方成了家，照顾自己的妻子或丈夫，过着自己的生活。她为了和他们生活在一起，开始轮流在每个孩子家住几个月。她曾悄悄地告诉我，我是她最喜欢的孩子，也许是因为在所有的孩子中，我排行老大；也许是因为她在我身上看到了自己的影子。我因她所流露出的爱意而紧紧地抱着她。我们一起在里尔度过了最幸福的两年。

在里尔，我和外祖母合住在一间大卧室里。房子很大，既干净又整洁，充满了东方特色——庄严的佛像、象牙制作的工艺品，还有东方的地毯。屋后的门廊上整齐地排列着风信子。她的表兄弟们都是老殖民者，还保留着殖民地的旧俗，所以早餐、茶点和晚餐都有不同的菜肴——我特别喜欢这点。沃尔特和格温对我的到来感到紧张，但我良好的教养和谨小慎微的处事态度让他们感到欣慰。

与三位老人在一起的生活，就像田园诗般令人难忘。我和他们一起打过麻将，还在图书室里安静地阅读过《国家地理》杂志。

一天，外祖母兴致勃勃地把我叫到玫瑰园小路上的树篱拱门前。她举起我，让我看那个黑鸟窝，里面有 3 个浅蓝色的蛋。看见了大自然的奇观，我和外祖母一样激动不已。

在她走后，我又去看了加利福尼亚的罂粟花，看它们的黄色花瓣有没有从花苞里冒出来，但始终无法忘记那个鸟窝。随着时间一分一秒地过去，我又有了一个新想法。我不知道这个想法是从哪儿冒出来的，也许只是每个孩子的一个很小且无法量化的小角落总是会问"如果……将会怎样？"不管它是什么，一个问题开始明确起来。我在想，如果我把球扔向它，会发生什么？后来，这个想法越来越强烈，我将手里的球扔了出去。现在回想起来，我可以把那时的行为看作一个没有感情的、充满好奇的小顽童的行为。当我看到那只疯狂的鸟妈妈挥舞着翅膀飞走时，好奇心变得越来越强烈。

第二天早上，我发现外祖母站在玫瑰园的鸟巢碎片旁。鸟妈妈把它的巢毁了，把鸟蛋扔到了路上。我的外祖母，这个满头白发的小个子女人，被我气得僵住了。她并不反对杀生，在一些必要的情况下，她也会亲自杀生。她和 19 世纪所有的澳大利亚孩子一样，知道野生动物的危险性，它们会伤害你，甚至杀死你，比如蝎子、蛇和蜘蛛。而且，无论她走到哪里，都会检查马桶后面和座位下面，因为那是有毒的红背蜘蛛最喜欢的藏身之处。她对蜘蛛的恐惧同样影响了我母亲和我。我想，她对野生动物的态度是没有受过教育的、维多利亚式的。在她手下，任何动物都会因为长得丑或者有毒而丧生。但是对她来说，鸟类是完全不同的，它们不应该受到伤害。

我期待着她的谅解。我低下头，不敢直视她的眼睛。她知道怎么教育犯错的孩子，毕竟她是三个男孩儿和一个女孩儿的母亲。为了养育他们，她曾夜以继日地工作，为村里人缝补、做家务，为家人寻找食物。她不能容忍孩子的不良行为。我母亲在她后来的生活中对我说："你从我母亲那里得到了我应该得到的所有的爱。"这仿佛是说，她变幻无常的童年在某种程度上是我造成的。客观地回忆过去，她可能是对的。虽然我的外祖母很少对我发火，但她也可以像平时一样快乐和善良。

因为那只鸟，我的惩罚是不可避免的。外祖母用一种非常巧妙的方法惩罚了我。她让我正视她的眼睛，并承认自己犯错了，应该接受相应的惩罚。"你是想挨一巴掌，还是离开我，或是干点活儿？"一巴掌立刻就会结束，却会伤害我的自尊心。但对我来说不去参加星期六的电影俱乐部是不可能的。所以我选择了干活儿。虽然干活儿的本意是让我感到无聊和痛苦，但我还是偷偷地喜欢上了它。我被移交给沃尔特，他递给我一把熟悉的剪刀。"走，我们去割草。"我跟着他来到了绵延数英里的后院草坪，然后又走到了避暑别墅。实际上这块草坪只有 50 英尺（50 英尺 ≈ 15 米）长、30 英尺（30 英尺 ≈ 9 米）宽，但对于一个小孩子来说，它有一块田地那么大。你还记得那些老式的割草机是怎么割掉柔软的叶子而把坚韧的黑麦草花茎留下的吗？

我以前就做过这个工作。当我在剪掉的草叶间发现很多微小、模糊、陌生的东西时，我感到非常惊讶和兴奋。昆虫最多的地方是草坪的边缘，那里有蜗牛壳、多腿动物和不同颜色的小碎片（我现在知道它们是矿物质）。虽然要修剪很多草，但我也可以用剪刀在土里戳来戳去。然后我很快就发现，它不仅仅是一块棕色的东西，即使在很短的距离内，土壤的变化也是无穷的。这里还有很多有腿的生物。外祖母惩罚我只能在外面的草坪上吃午饭，但这一点也不像惩罚，尤其是当我发现把水倒在草地和土壤上，一切都会发生改变的时候。如果水是热的，那变化就会更大。

你看，这就是发生在一个不能经常去上学的孩子的身上的事。我病了，被送走了，不能做其他孩子所做的事。不过，我可以按照自己的想法去做实验。我一直认为，这就是我兴趣的来源——这不仅是对自然的迷恋，也是对隐藏在表面之下的那些东西的迷恋，还是对谁也看不见的东西的迷恋。70 年后的今天，我仍然对此着迷。

·第五章
案发现场发生了什么

我已经知道了假定的案发现场在哪里。但是，想要解决本案，问题的关键就是想象案发现场发生了什么。不过，这并不需要太多的想象力。我已经清楚地知道要对夹克和鞋子的哪个部分进行分析了。但是，我怎么才能从夹克的面料中提取出这些孢粉呢？

向窗外看看，你能看到什么？

写这本书的时候，我正坐在房子里，这是我生活了大半生的地方——我在萨里郡绿树成荫的地方建造的独立避难所。我在这里生活，也在这里工作。如果你沿着这扇窗户向外看，就会看到一个带草坪的花园，花园和草坪之间隔着爬满玫瑰和紫藤的棚架、石瓮、鸟池和日晷，小果园、花坛和菜地之间也隔着篱笆。房子前面是一条宽阔的车道，两旁是开花的灌木、乔木和我多年来一直试图根除的西班牙风信子。如果你认为这个花园里只有一个通过"花粉图谱"就可以识别的花粉，那也是情有可原的，但事实上你错了。这个花园里散布着大量的花粉。你可以随便去看看任何一座花园，一道灌木篱笆墙，一片草地，一条乡间小路。对于外行人来说，它们只是将大自然中的绿色、棕色、白色、蓝色和黄色以及其他各种深浅不一的颜色混在了一起。而且，我们常常认为大自然就在那里，就在那个离我们不远的地方。我们笼统地把各种环境归为一类。其实，事实要复杂得多。从孢粉学的角度来看，当我透过窗户向外看时，可以看出花园一角与其他位置的群落结构是大不相同的。

事实上，我曾在这里指导过一些爱学习的学生，采集过花坛两侧的样品，虽然它们仅仅相隔几码（1 码≈ 0.9 米）远，但我们发现两侧的花粉图谱截然不同。花园边界的古老树篱底部的样品，与另一个树篱（菜园和天井间的树篱）底部的样品也完全不同。一个样品的花粉可能以山楂、野枫、黑刺李、红豆杉、野蔷薇、篱芹和荨麻为主，另一个则可能以草、女贞、丁香、金银花和金莲花为主；一个角落里可能长满了蕨类孢子、橡树和山毛榉，另一个则可能长满了小草，包括一些雏菊、罂粟、矢车菊、洋葱、胡萝卜、豆子和许多野草。

这些样品证明了被忽视的区域和花园物种的多样性。当然，你可能会感到奇怪，因为一些样品的花粉图谱可能与你所观察到的植物群落不太一致。造成这种现象是因为花粉具有扩散性，它会随风传播。邻居的花园，甚至是村庄边缘的林地里的花粉都可能会出现在这些样品中。但值得注意的是，虫媒植物产生的花粉很少，基本上不能飘到空中。这点对法医调查员来说非常重要，如果你的鞋子、裤腿或汽车踏板上存在这些"罕见"花粉，那就证明你曾直接接触过它们。想想"狐狸手套"（又名毛地黄、洋地黄，下文统称为毛地黄）——这是一个恰如其分的名字，因为你可以把它们套在指头上——它是虫媒植物，昆虫会爬到花朵的深处去吸食花粉和花蜜，如果能在某人的身上发现几颗毛地黄花粉，那我们就可以信心满满地说，他曾到过毛地黄生长的地方——或者踩过那片土地，或者撞到了正在开花的毛地黄。像毛地黄或三色堇这样的植物花粉最有可能从与植物接触的地方或从落花的土壤中提取出来。如果你曾踩到那片土壤，花粉就会沾到你的鞋上，而且你很难把它们弄出来。

令人惊讶的是，花粉和孢子还能作为人与环境相接触的证据——稍后我将揭示它们更多的作用。沾到你鞋上的花粉不可能是个大杂烩。生物都会选择自己最适宜的环境，不同的植物可能会喜欢相同的环境，尽管它们对不同的环境有不同的反应。这就是为什么你会在橡树林、榛子丛，甚至是小路上修剪过的灌木树篱里发现风信子，但它却不会生长在茂密的松林、潮湿的环境及石楠荒原里。

只要你稍加观察，就能掌握你此前没有意识到的大量的生态信息。你会知道哪里生长着芦苇，哪里生长着酸模、荨麻和豚草，哪里生长着金银花或蒲公英。尽管许多律师曾在法庭上辩称它们随处可见，但事实上，它们并不是在任何地方都会生长的。植物往往生长在特定的土壤和环境中，并与其他生长环境类似的植物构成群落。杜鹃花不能生长在白垩质土壤中，其他的"嫌钙植物"（土中含钙稍多即受害）可能会与杜鹃花一起生长，从而构成一个可以识别的群落。相反，铁线莲却是一种"喜钙植物"，我们可以将其称为白垩期居民，它会与其他的需要高钙或耐受高钙的植物一起生长。因此，如果在你的鞋上发现了杜鹃花粉，那么我会立刻知道你去过什么地方，以及那里的土壤环境。

对特定种类的环境有共同偏好的不仅仅是植物。在同样的环境里你还会发现以这些植物为食的动物和真菌。因此，如果我在样品中发现了一种特定的真菌孢子，那么，甚至不需要找到相应的花粉，我就知道什么植物会生长在那里。报春花（欧洲报春花）就是一个很好的例子。它的花粉非常少，蜜蜂必须钻进花心才能采到花粉，所以它通常不能被当作痕量证据。但是有一种真菌（报春柄锈菌），它只生长在报春花的叶子上，而且会产生大量的孢子。所以，只要你能找到一个孢子，就能肯定附近长着报春花。更重要的是，大部分人认为真菌是无处不在的，如面包箱里的霉菌、腐烂的苹果及林地里的蘑菇。但大多数的孢子都不会传播很远，有时甚至只传播几厘米。我们经常会看到发霉的物体上布满了"霉菌"，但大多数真菌并不属于"霉菌"。有些真菌只在适宜的条件下，每隔几年产一次孢子，而有些真菌则非常罕见。它们可以非常具体地指示环境和地点。当我推测犯罪现场、藏尸地环境时，它们都是重要的线索。

现在，再向窗外看一下，你能发现什么？如果我的工作做得到位，那么你的思想将会发生转变，那些你曾认为小而紧凑的东西现在已经变成了巨大的未知物。你的花园，即使是最小的花园，所包含的信息也非常多，内容多到超出你的理解范围。

从微小的花粉粒的角度来看，即使是最小的花园也是由不同的群落组成的广袤景观。当然，不同群落之间都有联系，就像生态系统一样，但同时每个群落又是独特的、可识别的。如果仅一个花园就有这么大的区别，那一块地的区别该有多大呢？灌木篱笆墙、荒野、林地该有多么复杂呢？提到这些的时候，你可能感到自己已经迷失了。从某种意义上来说，你的感觉是对的，因为当你开始寻找的时候，会发现要观察的东西实在太多了。不过，我很快就发现，当某一平方米的土地与另一平方米的土地不同时，这种复杂性和变化是非常有意义的。根据生物痕量证据的分析结果，我们可以确定案发的时间和地点，确定嫌疑人曾经去过哪里，在什么时候到过那里，甚至还能通过衣服上的痕迹来推测其曾做过什么。

赫特福德郡的黑社会案件侦破几个星期后的一天，我正在实验室里，电话铃又响了起来，比尔操着他那浓厚的格拉斯哥口音向我问好。他说："帕特，如果你还没受够我们，那么又有案件发生了……"

在我们的日常生活中，虽然不一定每天都会发生谋杀案，但每天都会有人为了满足自己的私欲而毁掉别人的生活。那年7月，在一个天气昏暗的日子里，我来到了韦林花园城的一个整洁的小广场上。广场旁边就是公寓，我凝视着广场上具有象征意义的市政花坛，里面种植着粉色玫瑰，香气十分浓郁，玫瑰上布满了尖刺，用来阻挡闯入者。城市规划者把小的酸橙树和玫瑰种在了一起，这让我感到既甜蜜又奇怪。它们是奇怪的伙伴。在自然环境下，酸橙花粉和玫瑰花粉不可能同时出现在一份样品里。一般来说，蔷薇科植物的花粉并不多。因此，很容易得出结论，这是一个人工环境——花园、公园及不会首先出现在人们脑海中的购物中心。

警察们接到了一个女孩儿的报案，她说自己在一个男孩儿的威胁下与他发生了性关系，因为如果不这样做，这个男孩儿将杀掉她。

他们曾一起去青年俱乐部玩，在大多数情况下，男孩儿都无法控制自己的性欲。大多数人倾向于相信女孩儿的话，因为她身上有深深的抓痕和玫瑰刺留下的印记。毕竟，任何一个头脑正常的人都不愿意躺在带有玫瑰刺的床上。那个男孩儿却否认了她的指控，警察则邀请我来查明真相。

在上一个案例中，我发现了树篱的神奇之处，其间的"尤里卡时刻"让我看到了孢粉学的新意义。自那以后，我又回到了实验室，开始了日复一日的本职研究工作，却再没什么真正的发现。其实，我们可以这样进行学术研究：偶尔进行一次偏离主题的研究，然后再回到主题研究，并参加部门研讨会，对那些在罗马时代就掉进坑里的花粉和孢子进行计数，或辨认那些来自沼泽地坟墓里的青铜器上的花粉。

然而，在接下来的几个星期里，我的思绪又飘回到谋杀案。国际犯罪团伙和洗钱活动，还有一次藏尸的不幸尝试。到目前为止，一切都是那么新奇。不过，我现在调查的案子却没有上个案件那么精彩，这只是一起普通案件。我强迫自己的思绪回到这起强奸案上，试着去想象这个周围都是商店和公寓的小广场——一个这么开阔而又被忽视的地方。男孩儿和女孩儿在傍晚的时候一起去了当地的青年俱乐部。天黑后，他们一起回家，并在这里逗留了一会儿，而他们的同伴则在夜色中说笑着离开了。女孩儿说他们手牵着手，然后接吻了。或许，真实的尺度会更大一些。但当男孩儿向她要求做爱时，她拒绝了，接下来，他们的证词开始出现了分歧。

现在，有两个不同的版本：男孩儿说他们各自回家了，而女孩儿则说男孩儿把她推倒在广场的市政花坛里那些带刺的玫瑰花上，脱下了她的衣服，将她压在身下。

那么，真相究竟是什么？

一般情况下，很难判定这样的强奸案。如果没有结论性的 DNA 证据，没有目击证人，没有监控录像，警察就只能在两个版本间反复论证推测。害怕还是骗子？报复……还是受害者？在没有确凿证据的情况下几乎无法定案。这就是警方向我求助的原因，也是我此行的目的。

在上个案例中，我学到了一些（就我而言）知识：花粉的组合具有特异性，人们可以根据花粉组合推断出它的具体位置。虽然多年来，我在考古学中一直从事着这项工作，却没办法证实自己的推论。无论哪个从事考古研究的孢粉学家，都无法验证他们推论的正确性。过去的已经过去了。现在，我兴奋地意识到，我能验证自己推论的正确性——通过小规模的景观重塑来协助案件的侦破工作。我激动得说不出话来。在赫特福德郡，通过罪犯车上的花粉，他们被绳之以法了。现在，当我盯着花坛时，我的任务似乎非常明确。那个男孩儿承认，他曾和女孩儿一起在广场上逗留过，但否认曾试图强奸她，并声称自己并没有接触过任何花坛。也许他的鞋子和衣服会告诉我们真相。

玫瑰和酸橙都是虫媒植物，它们的花粉相对较少。这个知识点对我后续的工作非常重要。如果衣服上出现了玫瑰花粉，那就意味着衣服曾接触过玫瑰或者接触过玫瑰下的土壤。如果这些植物分布广泛且依赖风媒传粉，这就意味着它们会把花粉传播到更远的地方，可能会传播到整个广场。如果是那样的话，就很难判断这个男孩儿究竟是在花坛那里，还是在广场其他地方闲逛，或者是……我需要进行分析才能找到答案。

这种情况下的假设似乎很简单：如果从花坛中提取的花粉与他衣服上的花粉在含量和比例上一致，那么他就可能接触过花坛。现实情况却很微妙，案件的答案取决于花粉的特点。

玫瑰花粉的形态和它的近亲非常相似，很难把它们与野蔷薇、苹果或山楂区分开来。与其他植物花粉相比，古代沉积物中很少发现玫瑰花粉，所以，如果我们在这个男孩儿的衣服上发现了玫瑰花粉，就可以认为它们来自同一个地方。酸橙没有橡树、榛子或松树那么常见。据我所知，除此地外，周边地区没有酸橙，所以，如果我在男孩儿的衣服上发现了酸橙花粉，那么他很有可能接触过这里。由于玫瑰的花粉量很少，而且其花粉在孢粉学花粉图谱中也非常少见，所以我们可以认为它在孢粉学上是罕见的。这种植物本身很常见，但由于它是虫媒植物，人们很少发现它的花粉。这就是它们进化的方式，法医孢粉学可以利用植物的这个特点。

这是我经手的第二个案子，我还在努力学习。我和警察一起在花坛上画了一个网格，系统地收集每个格子里的玫瑰叶和土壤。这样我就能够确定每种植物假定的在犯罪现场的作用。我们把样品放在印有"警察证物"的纸袋中，上面有编号、日期和时间。犯罪现场调查员对样品做了详细的记录，而我则画了一幅花坛采样图，用自己的方法记录了样品。警察告诉我，我们要把任何与案件相关的证据保留下来，哪怕是一张废纸，这是为开庭做准备的，所以我总是小心翼翼地将所有相关的东西都保留下来。

这个广场周围没有墙或灌木等物理屏障，所以在这个小广场取样的过程很简单。最后我也拿到了必要的"对照"样品。这样，我就能确定它们与男孩儿衣服上花粉的相似性。通常情况下，嫌疑人会狡辩说，他身上的花粉和孢子是在别的地方沾上的，这就是所谓的"不在场证明"。如果这样的话，那就要去他所说的这些地方采样，收集这些"不在场证明样品"，将它与案发现场的样品和警察查获的证物进行比对。我能使用的证物仅是嫌疑人的短夹克和鞋子。他们都说那是男孩儿案发当天穿的衣服。对广场土壤提取花粉的过程相对比较简单，因为在以前的考古工作中，我对陶器和青铜制品进行过类似的处理。但现在，我要对新鲜树叶、一双鞋和一件短夹克进行分析，它们的原材料是合成纤维和塑料。想要分析它们，我必须想出点创造性的方法。当然，在生态研究和考古工作中我已经习惯了这点。

首先，我必须想象一下在强奸的过程中会发生什么。女孩儿说，男孩儿强迫她躺下，压在她身上。这意味着寻找证据的最好来源是他夹克的肘部和前部。然后他会跪下，那么他的膝盖就会直接接触到树叶和土壤。我推测了嫌疑人在案发过程中的姿势，他的膝盖、胸部、肘部和脚趾位置沾上花粉的概率最大。因此，我们可以在他的夹克和鞋子上取下样品。通过分析这些样品，我们再来判断谁说的是真的。

我认为，如果嫌疑人狡辩说夹克上的花粉来自空气，并且是偶然落在自己身上的，那么夹克的肩部、背面和前面就会有非常相似的花粉图谱。换句话说，夹克背面的样品能提供很好的对照，用以检测夹克前面的花粉图谱是否来自花坛。如果夹克前面的花粉图谱与花坛的花粉图谱相似，而与夹克后面的花粉图谱相似度较低，这就表明他接触过花坛。我试着不去预期结果，只是单纯地想知道真相。回到实验室后，我剪掉了夹克的袖子、后背，防止夹克的各部分互相接触。现在，夹克就剩下两个正面了，我可以把它们合并成一个样品。

在我尝试进入法医检测领域的早期，我对法医协议的内容知之甚少。这些规则和条例旨在确保没人可以篡改、损坏证据，防止警察在办案过程中对证物的无意破坏。虽然我从没去过法医实验室，但我有着良好的实验素养，而且因为具有微生物学的背景，所以我知道如何处理腐败物并牢记防止污染的基本原则。这对我来说是基本的实验常识，并不需要任何的专业辅导。

残酷的是，即使在今天，一些警察在处理某些类型的证据时仍然准备不足。他们在如何提取 DNA 样品和防止交叉污染方面上接受过专业的培训。他们也知道洛卡德物质交换定律——"凡有接触，必留痕迹"，并且也知道如果两个证据接触了，那么它们在法庭上将毫无意义。但是，即使经过这么多年的教育，他们似乎仍然没有记住环境样品采样的限制和要求。

许多人对法医学有错误的概念，对这个专业用语的使用非常草率和不准确。也许你认为"法医鉴定"仅仅意味着"小心谨慎地工作"，但实际上这个词的真正含义要更特殊一些。古罗马的法庭案件都是公开审理的，"法医"一词源于拉丁语的"forensis"，意指公开的法庭或公众。所以当我们说到"法医鉴定"时，真正的意思是指任何与法庭案件有关的证据。如果完成一项工作不是因为它与法庭案件有某种关系，那它就不是法医鉴定。所以我要特别小心谨慎地处理那个男孩儿的夹克。我发现的任何东西都必须是不受污染的，多年来的实验室工作使我在心中根植了防止污染的概念。我家的厨房里也遵循着同样的方法，所以我确信，没人会因为吃了我的东西而食物中毒。

我不需要推测此次案件的案发现场。我已经知道了假定的案发现场在哪里。但是，想要解决本案，问题的关键就是想象案发现场发生了什么。不过，这并不需要太多的想象力。我已经清楚地知道要对夹克和鞋子的哪个部位进行分析了。但是，我怎么才能从夹克的面料中提取出这些孢粉呢？我以前从未这样做过。多年后，在一次会议上，仪器销售商急切地希望有人能检查一下他们的产品，其中就有一架显微镜。它有一个特殊部件，就像天线一样，可以插进任何想检测的地方。它的镜头很强大，你甚至不需要把花粉粒放在载玻片上就可以直接观察到它们。

我赶紧跑到会议中心外面的花园里，采了一些饱满而成熟的郁金香花药。销售商将一些花粉涂在一小块布上，然后将天线对准它。大家聚集在一起想看看会发生什么。令人惊讶的是，花粉粒似乎活了过来。它们扭动着、跳着舞，一直跳到了织物上。我很惊讶，但这也让我意识到，为何从编织物中获取孢粉痕迹如此困难。同样，这也意味着花粉和孢子能提供特别好的痕量证据，因为它们与纤维和矿物颗粒不同，它们会深深地嵌入衣服里，不容易丢失。我在之后的工作中发现，它们能在各种编织物里保存多年，而且在案发很久后还能作为证据，这也是为什么孢粉学在"旧案例"评估中是一门优秀的学科。

通过查阅相关文献，我终于知道花粉跳舞的原因了——这是由静电引力造成的。花粉带负电荷，因此，任何带正电荷的物质都会吸引它。蜜蜂是带正电荷的（这很奇妙），它们被带最强负电荷的花吸引。我一直以为，花粉能沾在蜜蜂身上的原因是它们身上的毛和花粉的黏性。嗯，这可能也是部分原因，但毫无疑问，静电引力非常有利于传粉者传粉。通过电荷吸引，带负电荷的花粉跳到了带正电荷的蜜蜂身上。

自从碰到了这些从未遇到过的知识，我的理科硕士学生进行了一系列的实验并发现，有许多物质会强烈吸引花粉：头发、皮毛、羽毛、尼龙和其他合成纤维、羊毛、绒布（由再生塑料组成）及塑料本身等。表面上看起来干净的证据上可能存在大量的花粉，当然，这是用肉眼完全看不见的——但我已经意识到了这点。现在，在刑事案件中，我绝不会忽视任何一个东西。有一次，我在凶手埋尸时用的手电筒里找到了几个孢子。我在那个手电筒里只找到了很少的花粉粒和孢子，但这足以告诉我们，他把手电筒放在了一块休耕地的边缘，仅此而已。但这足以让睿智的警察发现足够的证据去逮捕他。孢粉学的知识真的非常强大。

不过，这些都是后来的事情。现在，在我什么都不懂的情况下，我必须想个办法从那件夹克里找出证据。我不知道从哪里开始，但至少知道要找什么。花粉粒和植物孢子具有很强的生命力。它们的外壁都有一种叫"孢粉素"的复杂聚合物，不过，它们的化学成分仍然是未知的。一些古植物学家和地质学家发现，孢粉能在合适的条件下保存数百万年。我的朋友玛格丽特·柯林森教授从白垩纪的沉积物中找到了一只蜜蜂，它腿上的花粉囊清晰可见，里面所有的花粉粒都保存完好。这些花粉大约有 1 亿年的历史，但一直保存在已成为岩石的沉积物中，所以并不只有琥珀才能保存昆虫。

花粉的外壁非常坚固，我打算利用这一特性将它从织物中取出来。一种解决方法是将这件衣服溶解在强酸里，以留下坚实的花粉粒和植物孢子。但这种方法要看衣服的材质，它可能适用于棉、亚麻或任何其他天然植物纤维，即使是经过重组的人造丝或黏胶纤维等，也是适用的，但对合成纤维无效，如丙烯酸、尼龙、聚酯，它们是石油和煤炭工业的副产品。这件夹克是用回收的塑料瓶制作的，我很确定它不能被溶解。无论如何，这个方法都不合适，因为要分析的布料很多，实验成本很高，而且几乎不可能完成。肯定还有别的方法。

我在实验室工作了很长时间也没有找到答案。虽然我是一名科学家，但也是一位家庭主妇，而且曾经还是一位母亲。我当然知道怎样把衣服上的灰尘弄掉。我需要表面活性剂，如洗涤剂，它可以降低水的表面张力，然后渗透到衣物中，冲走嵌入的污垢和微粒。那么，现在的情况与洗衣服有什么不同呢？这似乎太明显了。这正是我每次使用洗衣机时发生的事情。

也许你曾听过奥卡姆剃刀原理。对生活来讲，这是个完美的例子。奥卡姆的威廉（约1285—约1349）是圣方济各会修士，他主张"吝啬定律"。他说，当我们解决问题时，最简单的解决方案才是正确的。在许多世纪以前，亚里士多德就有过同样的想法，这对科学来讲，无疑是个有用的想法，尤其是在应对那些复杂多变的场景和多种可能性时。

洗涤剂似乎是最简单有效的解决方法，所以我用了洗涤剂。我担心衣服被弄湿后，会提高微生物的活性，导致花粉降解，所以我需要消毒剂。但我又担心家用消毒剂可能会影响孢粉。所以，我需要一种温和的、不会氧化孢粉的消毒剂。药物洗剂怎么样？首先，我要检查一下药物洗剂中是否含有花粉。尽管答案几乎是否定的，但我从来没有检查过，而且，我怀疑是否有人检查过。后来我发现它里面什么也没有，所以我有了一个很好的表面活性剂和消毒剂。后来，我在处理腐烂的尸体样品时，也使用了药物洗剂。它还有其他的好处——不仅能对样品进行消毒，还能去除令人作呕的气味。对于法医孢粉学家来说，这是多么好的产品哪。

我买了一些新的不锈钢碗，用漂白剂对它们进行消毒。漂白剂能氧化大量有机分子以及细菌和真菌。顺便说一下，它也会氧化掉茶壶里的单宁酸涂层。然后我用了少量的、烫的去离子水，虽然它应该是无菌的，但我仍须检测其是否含有花粉。我像洗衣妇那样工作，用稀释的洗剂，搅拌、揉搓、漂洗衣服的每个部分，最后再用去离子水把衣服的每个部分都冲洗干净。这当然不是一个高效的办法，但我实在想不出更好的办法了。

这件看似干净的夹克实际上很脏，但对我来说研究它是件有趣的事。洗涤每个样品的水中都有灰色的、浑浊的悬浮物。洗完后，我取了5份样品（2份夹克的正面、2份袖子和1份夹克的背面），将它们与我从花坛中取来的10份样品进行比对（5份树叶和5份土壤）。我洗了树叶，就像洗夹克那样。完成这些后，我准备好了显微镜，快速地扫描了每个样品，观察它们的花粉图谱。水洗的方法非常有效，样品里有很多花粉。粗略扫描了几分钟后，我知道了案件的真相。但这些内容不足以向法庭陈述，现在我要将每份样品鉴定出来，并详细计数。

每当我开始分析载玻片时，总是从载玻片的左上角开始观察，然后看到左下角。我会在显微镜下连续观察，仅在调整镜头至更高的放大倍数以进行更精确的鉴定时稍做停顿。这需要将镜头放进油里，并在显微镜上使用相位对比设置。如果碰到不容易辨认的花粉粒，我就在载玻片上标记出它的坐标，然后用我收集来的花粉标本做对比，再仔细地观察它。所以，从顶部到底部，一个个视野地移动，然后再回到顶部，开始下一个样品的检查，一遍遍地重复这个过程，以观察载玻片的角角落落来消除取样偏差。

无论是在考古学还是在法医学中，这都是一项艰苦的工作。我在显微镜下度过了生命中的每小时、每天、每周。它需要高度集中的注意力。无论是花粉粒、真菌孢子、化石孢子还是其他微生物，你必须对看见的一切加以考虑并进行分类。对这些微小事物的高度专注简直就是一种折磨。有时，你可能需要很长时间才能在脑海中建立一幅关于某个地方的图像。你需要找出不同植物花粉的浓度。但今天，我在开始真正计数之前，先快速浏览了一下载玻片，发现了我正在寻找的组合：玫瑰花粉和酸橙花粉。玫瑰花粉有 3 条深沟，从两极延伸到赤道，还有凸起的气孔；酸橙花粉非常容易辨认，扁平的两极，赤道周围有 3 个倒气孔，外壁装饰着微小的环形孔。它很容易辨认，刚开始从事孢粉学研究的学生最喜欢这种花粉。

如果其他孢粉学家看到我的载玻片，可能会认为上面的酸橙花粉和玫瑰花粉并不能说明什么问题。对我来说，这只是强调，那么少的酸橙花粉和玫瑰花粉怎么可能会产生我们所说的"花粉雨"，即从空中落下的花粉和孢子。

玫瑰花粉在花坛中的比例是 10%，在夹克前部的比例是 7%，而对于酸橙花粉，其比例分别是 18% 及 15%。花坛样品与衣服样品的比例非常接近，这足以说服我。如果没有直接接触，花粉的构成比例就不可能这么接近。花坛中检测到极少量的酸橙花粉和玫瑰花粉，这证明这些植物释放了很少的花粉。虽然衣服和花坛上的其他花粉种类非常多样，但有趣的是，每种都有相同的类群。

我在男孩儿的鞋尖上并没有发现玫瑰花粉或酸橙花粉，实际上，鞋上也没有其他东西。然后我又仔细回忆了那个地方。花坛比较小，他的脚踩在了花坛周围的石板上，所以他在石板上没沾到什么东西。

夹克的背面有很少的花粉粒，我并没有在上面发现玫瑰花粉或酸橙花粉。因此，我很清楚，夹克的背面并没有接触到花坛。它是个很好的对照，夹克背面的样品可以证明，空气中的花粉或其他来源的花粉非常少，就算有，它们也不会与花坛样品相符。以我的观点来看，夹克的前部和肘部很可能接触了花坛的叶子和土壤。

很明显，那个男孩儿撒谎了，女孩儿的皮肤并不是自己抓破的，女孩儿也没有诬告他。偶尔也有女孩儿诬告他人强奸的案件，我就曾用相似的方法把一两个年轻人从监狱里救了出来。

我在一开始研究孢粉学时，曾建立了一个花粉标本库，那是一段快乐的时光。我在田野里收集鲜花，再把它们鉴定出来。当我参观植物标本室和博物馆时，如果他们足够慷慨，会给我一些花药的标本。我的标本库非常珍贵，如果没有它们，我就会感到不安。事实上，人们一直在收集、对比标本。当我在样品中发现了一些不寻常的花粉或孢子时，会感到非常激动，但整体的鉴定和计数过程极其烦琐。我最讨厌的是那些小的、椭圆形的、有3道沟的、表面有精细网的花粉。它们几乎成了难鉴定植物群花粉的代名词，比如黑莓或蒲公英，只有少数专家才能准确说出它们的名字——或者简称为LBJS——没有什么明显特征的褐色小真菌。

没有人知道要数出多少粒花粉才能结案。有时，相对较少的花粉就可以提供足够的线索，有时却需要成千上万粒。也许有一天需要编写一本关于这些问题的教科书——谁知道呢。

在强制执行但实际上不必对这个男孩儿衣服上的花粉进行计数之后，我算出了各种花粉和孢子类群的相对频率，又画了柱状图以帮助警察理解我的意思，然后他们把这些材料交给了皇家检察署和男孩儿的辩护律师。

辩护律师和男孩儿及他的父母在一起商讨对策，并给他们看了我的图表及附带说明。男孩儿肯定非常震惊，他的夹克说出了真相，他不情愿地承认了。女孩儿不必坐在证人席上，也不必在陪审团、公众和新闻界的注视下回顾那一夜的痛苦。广场上多刺玫瑰和酸橙树的见证使她免于这场磨难。

我所做的很简单，仅仅是采集了一些土壤，用了点药物洗剂，想了个有创意的点子及利用了一些生活常识。当然，最重要的还是我多年来的工作经验和知识积累为我所经手的前两个案子提供了有价值的信息，发挥了作用。也许，法医孢粉学还有未来。

·第六章
"当时你在现场"

法医生态学家的工作范围很广。如果在一个杂草丛生的沟渠中发现了一具尸体,那么警方可能会叫我来检查现场,让我解释凶手是如何接近并离开犯罪现场的。如果发现了一具无法辨认的腐尸,那么我们可以估计出受害者的死亡时间,有时我们的答案准确得令人难以置信。

在我之前，早就有人将植物学应用到了法医领域。专家对用于制造梯子的木材的鉴定，最终促使法庭判定理查德·豪普特曼有罪。1932 年，理查德·豪普特曼绑架并杀害了著名飞行员查尔斯·林德伯格的幼子。随后，理查德案就成为媒体关注的焦点（最早的"世纪审判"）。在本案的审判过程中，威斯康星州的木材解剖学家亚瑟·克勒为此案提供了关键的证据。通过鉴定树的种属，观察它上面铣削的图案及其生长方向，他证明绑匪用来潜入婴儿房的梯子上掉落的木材与理查德自家阁楼上的木材完全相同。1936 年 4 月，理查德被送上了电椅，为他的罪行付出了生命的代价，而所有的证据仅是现场留下的那块木头。

在警方破获的诸多谋杀案或失踪案中，我并不是第一个使用花粉证据的人。1959 年，奥地利发生了一起杀人案，警方首次利用孢粉进行了侦破。当时，一名男子在多瑙河航行时失踪了。由于没有

发现他的尸体，警方什么也做不了。后来，维也纳大学德高望重的
孢粉学家威廉·克劳斯参与了调查，案件终于在此时发生了逆转。
威廉拿到了那名失踪男子好朋友的靴子。通过镜检分析，他发现了
一组保存完好的现代云杉、柳树和桤木花粉，里面还夹杂着山核桃
花粉的化石颗粒。这些化石颗粒有自己特定的位置，它们在维也纳
以北 12 英里的一个小地方。威廉告诉警察去那里找找，嫌疑人看到
这些证据后感到非常震惊，然后承认了自己的罪行，并把调查人员
带到了尸体旁。威廉利用自己的植物学和地质学知识，推测出了那
个地方。

法医生态学研究史上有很多前辈，但在英国，在赫特福德郡的
案件发生之前，植物学在刑事调查方面的潜力几乎没有被开发。世
界上大多数国家仍然没有将植物学应用到刑事案件的侦破工作中，
也并不知道植物学在刑事案件侦破中的意义。多年来，我一直试图
将一系列的专业知识结合起来，并形成法医生态学的基本原则，然
后尽可能地与大家分享这些知识。

当我进入孢粉学领域时，它已经是一门成熟的学科，但要想将这
门学科引入警察工作领域，却面临着一系列独特的挑战。事实上，
这些挑战至今仍然存在，并且永远不会消失。每个环境都有很多变
量，所以每个谋杀案、人口失踪案、恶性攻击案或强奸案的情况都不
相同。法医生态学是逐步发展起来的，这是一个积累的过程。自然
世界处在一种最佳的平衡状态下，为了达到这种状态，它形成了一
套复杂的相互作用的系统。因此，法医生态学家必须有丰富的生态

学知识，熟知生物体与环境（物理和生物）之间的相互作用。他们往往精通一两个领域的专业知识，如植物学、孢粉学和土壤科学，但也要有一些基础知识，如昆虫学、细菌学、真菌学、寄生虫学、动物学以及化学和统计学。

通过反复试验，我花费了 25 年的时间来发展用于定义该学科的协议，但事实上，我们所面临的每种情况都是不相同的，很少有可以适用于所有情况的固定模式。我常常也在"毫无头绪地摸索行事"，在犯罪现场或停尸间时，不得不找出各种办法从物品和材料中提取花粉。最后，在经历了这些纯粹的磨炼后，我终于发表了一份法医孢粉学协议清单。并且我发现，在许多场合下，孢粉学中公认的知识与现实情况相悖。陈旧的知识应被抛弃，以符合现实情况。

植物王国是广袤的，它远远超出了我们的想象。据估算，除藻类和苔藓类及其同属植物外，地球上大约有 40 万种植物，其中约有 37 万种植物能产生花卉和花粉，其余的则产生孢子，而且不断有新物种被发现。2015 年，被发现的新物种超过了 2000 个。再说真菌，其情况则完全不同，估计有数百万个。每年，这个数字都在上涨，似乎只有那些有能力的真菌学家才能算清这个总数。我就曾在自己的法医案例中发现了几个新物种。

我们永远都不会知道地球上究竟有多少动物、植物、真菌和其他生物。曾经进化并生活在地球上的大多数动物都已经灭绝了，这真让人心痛。现在，这浩瀚无垠的生物世界仅是以前地球上遗留下的一小部分，而且没人能够完全识别它们。对于一个好的生物学家来说，准确识别生物是非常重要的；对于法医工作者来说，准确识别生物也是绝对必要的。因为对嫌疑人而言，法医工作者鉴定出的科、属、种，能够决定他的后半生。

当你接触环境时，环境会在你身上留下痕迹，你的衣服、鞋子、头发、花园铲及交通工具上都有环境的指示物。它们是痕量证据，能告诉大家你在哪个时间段出现在哪里。这些证据可能是一片植被；可能是一棵完整的植株或植株的一部分；可能是根、木头、树皮、细枝、叶子、茎花或果实；可能是针叶树或开花植物的花粉或者苔藓植物、蕨类植物和真菌的孢子。像花粉和孢子这样微小的、看不见的环境指示物非常有价值。人们无法用肉眼看见它们，所以根本不知道它们的存在，即使知道了，也很难消除它们。它们会悄悄记录下你曾去过的地方、做过的事情。

真菌特别有趣，因为它们可以作为次级环境指示生物。它们可能生长在植物上。你可能没有找到植物花粉，但可能会找到那些寄生在植物上的真菌孢子，就像之前提到的报春花一样。原则上，通过在嫌疑人和受害者的衣物、交通工具（汽车）、使用的工具及身体内部所发现的特定类型的孢粉组合，我们可以推断出他们去过哪里，做过什么。这听起来很简单，就像画图连点，把想象中的一个图像和另一个图像结合起来，但实际上远非如此。我们在人的衣物上收集到的碎屑是一团混乱的微观颗粒，它们中的许多颗粒是无法被识别的，这对我们构建环境没有任何帮助。

在赫特福德郡接手的第一个案子中，我从汽车外部采集的样品，显示了嫌疑人在过去几个月里走过的地方。那些经常不更换或清洗的鞋子、夹克、外套和牛仔裤，也能显示出其所属主人过去几个月以来的活动轨迹。为了找出正确的环境，必须从那些毫无头绪的痕迹中筛选出有用的证据，而要分辨这些细微差别，则需要利用我多年来积累的经验和知识。这需要我们有坚实的理论基础和丰富的实践经验，要求我们不仅能够区分出那些差异非常小的孢粉类型，还要知道自己在面对不同的孢粉组合时会走进哪些误区。最重要的是要了解花粉和孢子的扩散方式（风媒还是虫媒）、花期、最适宜的生长环境以及那些往往在相同条件下彼此能够良好生长的植物和真菌的种类。

在类似条件下茁壮成长的植物将会在相同的栖息地被发现，它们可以形成可识别的群落，从中我们可以推断出更多的东西。如果有人给我芦苇、芦苇属、莎草、石竹和紫竹之类的植物花粉组合，那么我推测它们应该来自池塘、湖边或沟渠。我们甚至可以通过芦苇的种类推断出水流的信息。橡树、榛树、白蜡树、野风信子和白头翁所构成的群落是一种非常独特的英国景观，我们可以推断出这是一片野风信子树林。不同的植物有不同的生境。大家都知道，挪威的野外没有香蕉树，北极圈里找不到仙人掌，北极熊不会生活在丛林里。它们都有自己特定的生长要求，这就是大自然的规律。然而，在法庭上，这些是律师们常犯的错误之一。他们对植物科学和生态学知之甚少，所以经常会问我："蒲公英不是随处可见的植物吗？"当然不是，它们的花粉会给我们带来非常具体的位置信息。

物种的生境是不同的，这促使我从栖息地和生态系统的角度来了解土壤样品中的花粉组合。我们可以通过花粉和孢子找到特定的生境，在群落中，不同类群的数量越多，我就能得到越清晰的图像。这不是个简单的过程，没有一个循规蹈矩的步骤引导你从大量混乱的数据中找出一个绝对的答案。我们要考虑到各个方面，最好的法医生态学家必须有敏锐的直觉。

似乎是为了证明这点，2009 年我参加了约克环境考古学协会举办的 30 周年会议。为了进行专业知识方面的汇集和交流，世界各地的环境考古学家齐聚一堂。到目前为止，我已经有好几年没有从事过考古工作了，不过我还是决定发表一篇论文。在发言时，我展示了我从法医案例中获得的花粉分类图谱。那是一起由英国防止虐待动物协会委托调查的猎獾案件。在猎獾过程中，这些残忍的暴徒会利用狗来找獾。狗和獾一旦相遇就会立即打起来，这对它们彼此都会造成严重的伤害。一般情况下，狗的情况会更糟一些，除非它们一相遇，暴徒们就将倒霉的獾挖出来杀掉。这起动物猎杀案件非常有意义。这种行为在英国是违法的，英国防止虐待动物协会还是希望能够通过定罪来震慑他人。

他们给我带来了样品，包括铁锹挖过的土壤样品和獾窝（顶部和内部）的土壤样品，然后让我将这些样品与从盗猎者家中的铁锹上采集的铁锹样品进行比对。结果表明，它们非常匹配，但我在盗猎现场和铁锹上都发现了一种罕见的孢子。这种孢子真的非常罕见，我和我的同事朱迪·韦布都没见过（她在识别花粉、蝇类和其他微观生物方面绝对是个天才）。这不仅是这起案件的转折点，也是我人生的转折点。它成为检方的关键证据，而我也通过这件事认识了我的现任丈夫，之前，我从没见过他。我的植物学老师——著名的弗朗西斯·罗斯去世了，伦敦国王学院为他举行了追悼会，我在此次追悼会上遇到了这位可爱的人。追悼会是在韦克赫斯特庄园举行的，它属于英国皇家植物园。在不可避免的仪式之后，我和这位衣着讲究的男人一起穿过了斑驳的树林，走向了茶点和蛋糕。当我向树林里窥探时，以为自己看到了毒红菇，那是一种可爱的红顶真菌。

"哦，是的，"他说，"我想它是红菇属，但不是毒红菇。"

"哦，你了解真菌吗？"我问。

"是的，懂一点。"他谦虚地说。

这立刻吸引了我，此时我正迫切需要有人能够识别真菌孢子。

"你叫什么名字？"我随意地问了一句。

"戴维·霍克斯沃思。"

"是那个戴维·霍克斯沃思吗？"

我很震惊，因为在我看来，他应该有 90 岁了。这位世界著名的真菌学家好多年前就发表了著作，他的书是我在伦敦国王学院时给学生的参考书目之一，而且我的书架上至少有两本他的书。然而他是个和我年纪差不多的人，而且非常有趣，有着闪亮的眼睛和孩子般的笑容。回来后，我就告诉了朱迪我的偶遇，她很兴奋。"噢，帕特，"她说，"你必须拉他入伙，他会给我们提供巨大的帮助。"剩下的就是历史了。3 年后，我嫁给了这个聪明又博学的男人。

在戴维的帮助下，我们知道獾窝里的奇怪孢子是一种生长在橡树根上的罕见松露。通过这个案例我们可以看出，獾像狗和猪一样喜欢松露。我们只能猜测，獾在100米开外的橡树根里找到了它，并把它带回了窝里。我敢说，这更加确定了孢粉图谱的可信度。任何其他样品中都没有这种松露，这证明盗猎现场是个独特的环境。当我们在铁锹上发现孢子时，它们提供的证据比单独的花粉所提供的更有利。

在考古会议上，我向与会者展示了这个案例的花粉组合——以橡树花粉为主，还有一些榆树、枫树、酸橙、山楂、常春藤和忍冬花粉，以及毛茛、毛地黄、酸模和蕨类植物的孢粉。然后，我问他们这个花粉组合可能代表了什么地方。有几个人试探性地举起了手（没人愿意被当作傻子），但他们的答案大致相同，"那是一片林地，或是林间空地的边缘地带"。

这个推断完全合乎常理，但可惜是个错误的答案。这根本不是林地。这些样品来自开阔的牧场，距古老的树篱大约10米远，距一棵橡树大约100米远。整个地方十分开阔，只不过被四周混杂的树篱分成了一块块整齐的田地。我已经证实了我长久以来的怀疑，虽然有关花粉传播的文献报道有很多，但许多孢粉学家对花粉在栖息地中是如何传播的仍然知之甚少。

从英国的历史来看，乡村是根据两种截然不同的管理方式发展起来的。比如埃塞克斯、萨塞克斯和萨福克等地的森林牧场，它们是英国典型的耕地和田园混合的乡村，风景优美，小块的田地用品种丰富的树篱及标准树木分割开来。另一种是费尔登（香槟酒）村庄，简单地说就是一片广阔开放的土地。这里的乡村将耕地割成条状，典型的例子是林肯郡、莱斯特郡、威尔特郡和其他许多地方。

会议室里那些敢于回答问题的人都答错了。他们原以为这是片林地，但实际上是树篱网络的农田景观，那些林地特有的花粉和孢子来自田地周围的灌木篱笆墙。这些草是牛羊啃食后的幸存者，或是位于树篱边界隐蔽处的植物。当然，这也是我在第一次破案时得到的经验，它们会让假设变得很复杂。会议室里的孢粉学家的推测结果和实际情况相去甚远，这令他们非常震惊。同时，这也表明人们对于环境的解释普遍存在一定程度的认知偏差。

会议室里的每位孢粉学家都得出了同一个错误的结论，如果这种情况发生在我的工作领域，那么会给受害者或被告带来严重的后果。法医工作与人们的生命和自由息息相关，它的利害关系非同寻常。所以，我们的工作并不是简单地对景观进行构建，对花粉进行分类，对孢子和其他遗留微粒进行计数。我们不能根据孢粉学文献的记载，就简简单单地认为某个组合代表着某种特定景观。我们不能每次都像机器人一样，用别人的知识来解释自己的问题。只有全面了解我们的自然世界（无论是宏观领域还是微观领域），我们才有信心了解真相。

求知的路上没有捷径，知识都是经年积累而来的。这是那些注意力有限或容易分心的人无法做到的。前面我曾提到过，对样品中的花粉进行计数和分类是一项艰苦的工作，它会花费我数小时、数天甚至数周的时间。研究这些内容需要广泛的跨学科知识，并对最有可能发生的事有一定的预测，比如这件事最有可能发生在哪里，或者一系列事件可能发生在什么地方等，而整个推测过程则需要更长的时间。这需要我一生的努力研究。但是，当这些碎片拼合在一起时，它将会告诉你那里发生过什么事情，这时，巨大的喜悦将会袭上心头。

一个女孩儿跟跟跄跄地走进了北威塞克斯唐斯边缘小镇的警察局，她看起来很痛苦。她的脸上沾满了泪水，又脏又红，眼睛里流露出惊恐，像受惊的小动物一样。警官护送她进入了接见室，并询问她发生了什么事，此时的她打开了话匣子。她说："在距我家100米远的地方，有一个由两排房子构成的狭长地带，那里种着乔木和灌木。他将我推倒在满是碎木的地上。他的牛仔裤外面还套着睡衣裤，上面有史努比图案。"

没过多久，我就接到了警察的电话，他们想请我参与这起案件的调查，并把所有的事都告诉了我。男孩儿和女孩儿曾一起出去，并在夜色中回家。男孩儿并没有把她送到家门口，而是把她拖到了100米外的林地里。男孩儿承认与女孩儿发生过性关系，却否认去过那片林地。据男孩儿说，他和女孩儿一起激动地躺在一处草地上，草地位于公园里，距她家大约100米远，在那里，他们自愿发生了关系。也就是说，他的不在场证明地点和假定的案发现场相距约200米。

在我来之前，双方已经做完了体检。警方外科医生用棉签对假定的受害者和被告进行了采样，在男孩儿阴茎的头部和茎部及女孩儿的阴道中寻找 DNA 证据。然而，采集到的 DNA 对警方破案并无帮助，因为男孩儿承认与女孩儿发生过性关系。这样的案子是我的主要工作内容，就像之前在韦林花园城的"真话"案件一样。

法医生态学家的工作范围很广。如果在一个杂草丛生的沟渠中发现了一具尸体，那么警方可能会叫我来检查现场，让我解释凶手是如何接近并离开犯罪现场的。如果发现了一具无法辨认的腐尸，那么我们可以估计出受害者的死亡时间，有时我们的答案准确得令人难以置信。我们可以在小范围和大范围内找到秘密的埋尸地，可以通过对内脏的分析来解释受害者死亡的原因，可以确定杯子上和其他容器中的残留物是何种有毒或致幻药物，但我们的工作重点是将人与地点联系起来。

也许我们无法知道北威塞克斯案件中的性行为是否出于自愿，但通过检查留在他们衣服和鞋子上的痕量证据，我们会知道强奸案的发生地点，会知道谁的故事是假的，谁的故事更接近真相。

6 月，阳光明媚的一天，从北威塞克斯犯罪现场管理人员的车里出来，我们一起去了那个女孩儿所说的自己被强奸的地方。那块林地与她向警方描述的差不多。林地旁边的道路两旁是一片宽阔的草皮，被修剪得整整齐齐，且种满了乔木和灌木。沿着小路走进那片小树林，我立刻看到了那棵大橡树，还有白桦树和老灌木，它们在她所说的袭击地附近。那棵橡树下是一条小路，连接着两排房屋，那是一片散落着木屑的光秃秃的土地。树木之间洒满了阳光，植物生长得非常旺盛。小路入口一侧的房子里有被精心照料的花园，里面有金莲花、早期的玫瑰、外来树种、果树、柏树、常春藤等。

我又回到了那个所谓的案发现场。除木本植物外，尽管我认为它可能比我第一眼看上去能得到的证据会多一些，但是有用的证据并不多。首先，这里很不整洁，密布着来自树枝上的木屑，上面有苔藓和地衣，橡树的底部有一些发黄的雄性荨麻。如果真像那个女孩儿说的那样，那么他们可能会沾上很多特殊的痕量证据，不仅有今年的孢粉，还有往年的残留孢粉。

生物学中很少有绝对的东西。任何事情都是有概率的，无论是健康、肥沃牧场的植物群落组成，又或是池塘里的动植物物种，还是草坪上雏菊的生长模式。样品中花粉和孢子的种类及数量取决于许多变量，我们将其称为"埋葬学因素"。我将孢粉埋葬学定义为"所有决定孢粉是否在特定时间、特定地点被发现的因素"。这些因素不是想出来的，而是在实践过程中总结出来的。它总是取决于环境，当我们解释我们的发现时，必须考虑到它的复杂性，否则稍不留意就会犯下致命的错误。

回想一下，你在家里的光束中能看到什么——许多微小的颗粒。这些颗粒可能是你的皮屑、螨虫、昆虫碎片、植物、真菌，甚至是矿物土壤。所有这些构成了"气传孢子群"，这是一个有用的名词，可以用来描述在空气中飘浮的所有花粉、孢子和其他微观颗粒。它们最终会以"花粉雨"的形式落下，成为壁炉或餐具柜上的灰尘。

一些植物依靠风来传播花粉或孢子，另一些则依靠昆虫（甚至蝙蝠或鸟类）来进行授粉。彩色的、芳香的甚至具有花蜜的花往往吸引动物,那些闻起来像粪便的花则吸引苍蝇。风媒花的花粉可能会传播到很远的地方,而且因为其传粉结果不稳定,时好时坏,一些种类的植物会产生大量的花粉,所以,我们往往会在这种时候患上花粉病。草、莎草、橡树、榛子和许多其他植物都是风媒植物。它们的花通常是绿色的、黄色的或褐色的,看起来并不重要。它们茎的末端会聚成花序,就像小羊羔的尾巴,在微风中不断地甩着花粉。如果在嫌疑人的身上发现了风媒花粉,那并不意味着案发现场曾出现过这种植物。这些花粉能够到达很远的地方,但是由于地形不同,任何建筑物或植物屏障都会阻止它们的扩散,墙壁或树干能够在很大程度上阻止花粉的传播。

想象一下榛木的柔荑花序在风中起舞的样子,那是早春的象征,非常漂亮。不过,每个柔荑花序都是由大量的雄花构成的,非常适合风媒传粉,有的花粉可以飘得特别远。尽管如此,大部分花粉仍然落在榛木下。就像一棵开花的樱桃树,它的花都落在了树木四周,并在树干周围形成了一个漂亮的粉圈,一直延伸到树冠下方。大多数的花粉会在植物周围形成这样一个距离不等的环,当然,有些花粉也会飘到空气中,形成花粉孢子聚集体。

从法医的角度来看,在案发现场采集到的样品中,风媒植物的比例往往过高,而虫媒植物的比例则可能偏低。虫媒植物的花粉可能永远无法到达空气中,甚至不会超出植物以外的范围,所以在嫌疑人或受害者的鞋上很难发现它们,如果发现了它们,那就意味着有重大发现。松、草或榛子的花粉在空气中的含量可能很高,而雏菊、三叶草、毛茛、刺李和玫瑰的花粉在空气中的含量可能偏低。

如果在样品中发现了适量的风媒植物花粉，那么这个结果是有意义的。荨麻和酸模很常见，但比起草，它们是更具有意义的法医标记物。虽然它们也是风媒植物，但从总体上来说，它们所产的花粉数量还是相对较少的，因此分散效率也较低。经过不断地积累经验，人们逐渐了解了各种植物花粉的扩散动态。

不过，凡事总有例外（这是生态学的本质），我曾碰到一个特殊的案例，草本植物花粉在案件的侦破过程中起到了重要作用。我在新西兰的一位同事——达拉斯·米尔登霍尔曾处理过一起谋杀案，凶手把受害者扔进了河里，尸体沿着河水顺流而下。她的任务是找到案发现场。当时，死者的尸体已经腐烂了，警察脱下她的开襟羊毛衫并将它交给了我的同事，他们费力地从上面收集了草叶和花粉。奇怪的是，这些花粉都是双孔的，并不像其他的草类和谷类花粉那样只有一个孔。这种现象非常少见。有时在花粉发育过程中会形成一些畸形的花粉粒，但在受害者身上，这些畸形的花粉粒非常显眼。

最终，他们找到了案发现场，也通过叶子辨认出了那种草的种类。我的另一位同事在检查了现场所有的草之后发现，至少有两种植物的花粉具有双孔。我们以前从未遇到过这种情况，但世界上有这么多孢粉学家，文献中肯定已经记录过这种现象。这些具有双孔花粉的草应该是在经历了某种突变后才产生这种畸形花粉粒，它们可能是接触了某种化学诱变剂，比如除草剂。我觉得这很可怕。我想知道这种物质是否会导致其他动植物的性细胞甚至人类精子发生突变。虽然听起来很奇怪，毕竟我们与草类是远亲，但花粉的形成过程与精子的形成过程相似。无论如何，这些突变的草花粉都能很好地标记那个地方。如果在嫌疑人身上发现了双孔花粉，那么他需要用很多理由说服警察，让他们相信他不在案发现场。否则，与许多其他案件一样，嫌疑人将会逍遥法外。

有时，犯罪现场会随着时间而发生变化。这里有个戏剧性的案例，英格兰北部的一名高级调查官员迫切希望我去评估一个犯罪现场，那里发生了一起妓女谋杀案。那是个周末，没有航班，如果开车的话，我要花费很长时间才能到达。但是案情真的非常紧急，最后这位官员联系了萨里郡的警察，让他们用直升机接我。旅程非常快，而且比开车有意思多了，当然，除了那顶巨大的安全飞行头盔。我们到达目的地后，一下直升机我就被拍了下来。我希望自己看起来像个迷人的飞行员，而不是那个在狂风中行走、头发蓬乱的侏儒。

一辆等候着的汽车迅速地把我带到了案发现场以便我能够进行取证。下车后，我看见一群警察正挤在那里，无聊地踢着地面，甚至想抽根烟。一位犯罪现场调查员微笑着向我打招呼。

"我已经为你把所有的草和灌木都割掉了，帕特！"他说。我一边笑着一边费力地穿上我的防护服。

"这简直太可笑了。"我说。但是，他显然不是在开玩笑。他脸上的笑容逐渐消失了，然后茫然地盯着我。他们修剪了整个犯罪现场，污染了所有的环境，毁坏了所有可能找到尸体所在位置的证据。他们不仅把所有的植被都砍掉了，还将它们丢弃在唯一一条嫌疑人可能走过的路上，这里简直一团糟。那位高级官员走了过来，气得抿紧了双唇。我们简直不敢相信眼前所发生的一切。

相反，在北威塞克斯，距那起假定的强奸案已经有一个月了，这可能会对取证造成一定的困难。毕竟，大自然是有生命的：植物会不断生长蔓延，从而改变当地的地貌；蚯蚓会促使表层土壤不断沉积；一些植物也可能会在这段时间里死亡甚至消失。

值得庆幸的是，当时正值盛夏，我很快就接到了这个案子的通知，在那片林地里，假定的案发现场几乎没有什么重大变化。不幸的是，在200米开外的公园里（就是男孩儿说女孩儿非常愿意去的地方），情况并非如此。草坪被修剪过，地上也布满了草屑，还有相当多的三叶草和平铺车轴草。平铺车轴草是一种开黄花的小植物，与三叶草有亲缘关系。男孩儿所说的那块地上，现在只剩下了草屑。虽然草坪被割过，但他们可能在上面躺过。男孩儿曾非常明确地指出了他们躺着的位置。这意味着我可以在此进行采样并进行比较。

原则上，通过将在这两个地点采集的样品的花粉图谱与从假定的被告和原告衣服上采集的样品的花粉图谱进行比较，我就可以找出真相——究竟男孩儿说的是实话（他们一起躺在公园的草坪上），还是女孩儿说的是实话（她被迫躺在两排房子之间的狭长带上）。但在现实生活中，这种非此即彼的情况是非常少的。问题往往是复杂的。穿在牛仔裤外面的史努比睡衣（我们并不知道他为什么这么穿）被丢弃了，后来发现，它被挂在花园边缘附近的枸子属灌木的枝头上，这也许会破坏它上面的痕量证据。案发后，假定的受害者和被告都承认，他们曾一起坐在她家门口，这可能会使他们沾上更多与案发现场无关的痕量证据，增加我们检测的难度。我们对这些地方进行了抽样调查，希望能从调查中排除无关的痕量证据。在这两个"案发现场"以及所有女孩儿和男孩儿去过的地方，我列出了所有我认为能够帮助法医获得有用的痕量证据的植物种类清单。

这两个地方，一个以草屑为代表，另一个以与木屑混合的土壤为代表。为了尽可能还原真实情况，我必须采集多个样品，因为根据我的经验，短距离的地表和土壤内的生物含量并不均匀，单个样品只能提供部分可用信息。我很幸运，这两个最重要的地点都很小，而且轮廓分明，我可以尽可能多地采集地表样品，并将每个样品仔细记录下来。每件东西我都拍摄留档。对我而言，分析的区域越大就越接近真相。

我记得当时的天气很热，我浑身是汗，而且工作非常乏味，但在大多数情况下法医的工作都是这样的。我必须高度专注，防止自己忘记任何事情。在法庭上，任何被忽视或无视的东西都有可能被无限放大、挑剔、剖析，最终被轻蔑地驳倒。

所有的样品都被准时送到了实验室，我又要开始从衣服和对照样品中提取花粉了。这是一项危险的工作，因为要用强碱和强酸来处理样品，包括烧碱、醋酸酐、冰醋酸、盐酸、硫酸和氢氟酸。氢氟酸很可怕，它的蒸汽可以溶解你的肺，其液体可以穿透你的皮肤溶解骨头。人们常常用它来进行玻璃蚀刻，而在我们这里，它被用来溶解土壤中的石英。氢氟酸可以溶解玻璃和金属。这使我想起了电影《异形》中的场景，从约翰·赫特胸部冲出的那个怪物，它身上滴下的黏液能腐蚀宇宙飞船。

氢氟酸会造成潜在的风险。实验需要在通风橱里进行，而且实验人员要穿戴高质量的防护服和面具。实验室里有淋浴间、特制药膏和一条通往当地医院急诊室的热线。你必须有健康的身体才能做这种工作，这与传统的植物学家给人的刻板印象完全不同——粗花呢裙子、手镜、结实的鞋子、温和文静的性格。这一点让我觉得十分有趣。在《侏罗纪公园》中，"爱慕对象"是位考古植物学家，而小外星人则是一位来自外太空的植物学家，他们都足智多谋、性格温和。我想成为一位长相甜美、性格温和、没有威胁性的人。但事实上，除温柔外，我与其他一切都不符。毫无疑问，具有这些性格特点的人会有很多朋友，在法庭上的表现却不一定很好，因为那里的辩方律师就像野蛮的浑蛋。

化学处理完毕，没有出现任何问题，之后工作台上会摆满载玻片。我要开始进行漫长而枯燥的显微镜计数工作，对每个视野中的花粉进行鉴定和计数。有时，一个孢粉会躲避识别，在这种情况下，它会被标记为"未知"，我会在计数完成后重新鉴定。如果它具有一定的意义，我就要花很长时间去辨别它。有时，我和其他孢粉学家会交换未知花粉的照片，说不定他们会知道那是什么，特别是我的同事——得克萨斯州的沃恩·布莱恩特和新西兰的达拉斯·米尔登霍尔，当他们遇到问题时也会给我寄照片。有时，当碰到那些我们都不认识的孢粉时，它会被统计为"未知"。这是提供可靠数据的唯一途径。我们不能靠猜测来确定它的种类，这可能会彻底影响一个人的生活。如果双方的衣服和鞋子上的花粉图谱与公园的花粉图谱更相似，就有理由相信男孩儿说的是实话；相反，如果它们更像林地的花粉图谱，那么证据将支持女孩儿的证词。

我开始观察对照样品，研究是否有我预期的分类群，看看它们是否结合了我所列的物种清单。这是很重要的，它们能够有效地解释证据。最令人惊讶的是，公园是个非常开放的地带，边缘有成熟的树木，阻挡花粉传播的障碍物很少，但图谱中只发现了很少的树花粉，其孢粉类型以禾本科、荨麻、车前草、其他草本植物、蕨类植物和苔藓为主。我在证据中发现了大量的三叶草花粉，我知道，这种植物大量生长在草坪上。我并没有发现其他的草本植物，所以它们的花粉一定是从公园的边缘传到公园中央的。在男孩儿所说的那个位置的附近只生长着禾本科，平铺车轴草、车前草和三叶草。

女孩儿所说的那个案发现场被树木和灌木丛包围着，相对比较封闭，这样就构成了天然的植物屏障，阻止了花粉的流入。但即使在这种情况下，我依然在表层土壤和凋落物样品中发现了28种不同的木本植物花粉。花园的花粉从路的一边进入了现场，这是很有趣的——观察李树花粉飘了多远，有多少柏树花粉被吹到了地表的土壤和凋落物上。值得注意的草本植物是欧芹和毛茛，它们当然被列在我的清单上。

这两个地点的花粉在组成上差异巨大，这对我来说是有帮助的，尽管这个结果是好的，但真菌孢子组合所表现出的明显而惊人的差异更引人注目。我们在假定的犯罪现场发现了大量的真菌孢子，林地的枯枝败叶和其他碎片残骸为真菌的生长提供了完美的环境。我们在那里鉴定出了 20 多种真菌，有一种是圆柱形的、浅棕色的孢子，常见于腐烂的落叶和树木碎片上，像桦树、冬青树和橡树；另一种是常见的细胞壁光滑的真菌，生长在白蜡树、山毛榉、桦树、栗树和橡树的树皮上；还有一种最有趣的真菌孢子，只在英国被报道过 6 次，而且发现于外来的柏树腐叶上。

能在这里发现这种罕见的真菌很正常（在案发现场附近的花园里有一棵柏树），在法医领域，罕见的孢粉会为我们提供有力的痕量证据，帮助我们更有效地进行精准的关联。我们还发现了其他的罕见孢子：枯斑拟盘多毛孢，寄生在柏树上；球囊霉，这种真菌只在土壤中发现，虽然它广泛地分布在欧洲林地，但英国只发现了 4 次。这些罕见真菌对我们来讲意义重大。如果这些孢子（实际上都是碎木屑和林地的特征）存在于任意一方的衣服样品中，就意味着女孩儿所说的话可能是事实。

值得一提的是，从公园中采集的样品里几乎没有发现这些特殊的真菌孢子，事实上，对照样品中占优势地位的真菌孢子比较常见：黑附球菌，大量生长在草坪里的草屑中；一种特殊的三叶草真菌；黑孢壳属是一种寄生在草本植物中的其他真菌上的真菌。这两个地点在花粉量方面可能有些重叠，但它们的真菌是离散且不同的。

构建出对照样品的图谱后，接下来，我们就可以开展下一个阶段的工作——确定衣服上的孢粉类型，然后确定他们究竟在哪个地方发生了关系。我要尽可能多地分析女孩儿和男孩儿的衣服。我有他们的鞋子、牛仔裤、上衣、羊毛夹克和奇怪的睡裤。如果他们双方衣服和鞋子上的孢粉图谱与公园的孢粉图谱更相似，那么就有理由相信男孩儿。反之，如果与林地的孢粉图谱更相似，那么证据将支持女孩儿。

两套衣服上都含有大量的孢粉。计数工作刚开始，我的眼前就形成了一个清晰的图像：男孩儿的牛仔裤、睡裤和鞋子上的孢粉图谱与所谓的案发现场相似。不久，我在女孩儿的衣服上也看到了同样的孢粉图谱。

孢粉图谱具有惊人的可比性。虽然样品的图谱永远不可能完全匹配，但从法医技术来讲，孢粉学的优势在于它在解释时会同时考虑多种标记。我们不是只看一项痕量证据、一个纤维或一个粒子。每个孢粉图谱都包含着 200~300 个或更多的独立的证据元素。对我来说，整理显微镜的观察结果是整个调查中最开心、最有趣的部分。

为了发现真相，付出再多都是值得的。在这个特殊的案例中，在史努比睡衣上检测到了大量玫瑰科花粉，这可能是由于它被扔到了鲜花盛开的枸子属灌木上。从女孩儿和男孩儿的衣服中提取的孢粉图谱与从林地中发现的所有乔木和灌木的孢粉图谱基本一致，特别是橡树、桦树、松树和接骨木花粉，它们也是林地里的 4 种主要花粉类型。

我被树木与真菌孢子的相关证据吓了一跳。每个样品都有真菌孢子和花粉，这意味着我们有两类不同的法医证据，这构成了一个非常大的数据集，而且真菌孢子的结果与花粉和植物孢子的结果一样有意义。它们所提供的证据是一致的，是相互支持的。

有趣的是，某些类群的缺失与出现同样重要。附球菌属的孢子在碎草屑中大量存在，但在林地样品中只存在一个，它在林地中几乎不存在，同样在衣服上也几乎不存在，这点很重要。如果女孩儿和男孩儿躺在草地上的话，那么面对草屑中这么多的孢子，无论是女孩儿还是男孩儿都会沾上大量的孢子。三叶草花粉也是如此。我们在草屑中发现很多花粉粒，但在双方的衣服和鞋子上只找到了一粒。三叶草花粉和附球菌属孢子两者的含量差异同样重要。

与公园相比，林地的地上有大量的枯枝败叶，这表明这里有大量不同种类的真菌生长在枯木上。此外，虽然这些真菌本身是微观的，但它们的孢子并不能自由地散布在空气中。如果它们能够被采集到，将是当地极好的指示生物。我们在女孩儿和男孩儿的所有物中发现了大量的真菌孢子，而它们与公园草坪上的真菌不同，特别是通常情况下少见的孢子，它象征着枯木，这在本案中是一项重要的发现。在女孩儿身上发现的孢子比男孩儿身上的多，主要是因为她的身体与地面的接触较多。只有与案发现场的地面直接接触后，这些真菌孢子才能发生转移。

虽然有一些来自其他地方的痕迹，也有一些与这两个地点相同的痕迹，但仍有 115 个孢粉分类单元证实了女孩儿的说法。在我作为法医孢粉学家的 25 年里，我从来没有在两个地点得到过完全相同的孢粉图谱，所以必须问一下，两个人在随便一个地方沾到这些孢粉的概率有多大？女孩儿衣服上的孢粉图谱与男孩儿衣服和鞋子上的孢粉图谱相似。同时，这两套衣服都与林地的孢粉图谱相似。这表明他们曾一起躺在那片林木繁茂的狭长地带，假定的犯罪现场变成了真实的犯罪现场。

我们的发现并不需要尽善尽美。大自然赐给我们一个混乱的、不完美的世界，很少有事情是完全吻合的。然而，不可否认的是，我们在这里的发现非常有意义。嫌疑人和受害者衣服上的孢粉图谱十分相似，而且，它们与我们从女孩儿所说的犯罪现场采集的样品也十分相似。

我回到了那个林地，忽略那个修剪整齐、长有外来乔木和灌木、各种花朵争奇斗艳的中产阶级花园。我敢肯定，这个地方是他们扭作一团的地方，而在这里，在这些树的阴影下，她曾在这里挣扎，使自己的衣服沾到了地上残骸中的花粉和孢子。我们可能没有证人，也没有可以依赖的证词。换个时代，这可能就是一场老生常谈的"她诉他案"，这种案件几乎无法通过"举证责任"，而这对法庭审理又是至关重要的。我们通过花粉和孢子构建了一幅图像，详述了这两个年轻人曾去过哪里以及他们的衣服和身体所接触过的环境的细微差别。大自然在他们身上刻下了自己的印记，从法律的角度来说，这些印记足以告诉大家真相，从而保护受害者的权益，将罪犯绳之以法。

值得一提的是，整个案件的首要任务就是分析从两名当事人的生殖器中提取的样品。我们在男孩儿身上提取的样品里没有发现任何微粒，但在女孩儿的阴道里提取的样品中发现了两粒橡树花粉和一粒牧草花粉。任何一个有想象力的人都知道，花粉可能是从男孩儿的手上转移到了他的阴茎上，最后再进入女孩儿体内，或者他的阴茎碰到了地面，然后花粉直接进入女孩儿体内。这起强奸案应该发生在那棵橡树下，如果不是这样的话，橡树和牧草的花粉是如何进入女孩儿体内的呢？

当男孩儿的律师看懂了我们的证据后，男孩儿很快就坦白了，法院避免了开庭审理，所以，我们为国家做了贡献（开庭审理需要花费一大笔钱）。我很欣慰地说，很多我们经手的案件，嫌疑人在最后关头都坦白了，所以，我们为纳税人挽回了很多损失。但是，坦白过程一定要小心谨慎，以防止嫌疑人受到胁迫或其他非法手段的逼供。这个强奸案是真的，这个男孩儿也为他的行为付出了应有的代价——他被判了监禁。

·第七章
植物的痕迹

通过花粉图谱，我推测凶手用保鲜膜将尸体包裹好了以后，把它放在了后院里，旁边就是玫瑰丛和铁线莲。混凝土上有大量有机的、降解的植物垃圾，由此我就可能收集到玫瑰和铁线莲的花粉。在凶手处理灌木的时候，残留的花粉会重新飘起来。

花粉和孢子的生命力很顽强，如果将它们保存在某些没有细菌和真菌的岩石环境中，它们就可以存活数千年，甚至数百万年。在考古学和生态学的研究领域里，人们主要用这些孢粉来进行古环境的重建和景观变迁的研究。植物在人类历史上的作用也很重要，它们的遗迹反映了数千年来人类对它们的开发和利用。

有一次，约克郡矿业小镇的警察给了我一个案子，但一开始，这个案子让我有点摸不着头脑。事情是这样的，两个男孩儿在路上发现了一个崭新的、沉重的登山包。他们觉得登山包里肯定有很多设备，于是非常开心地把它抬回了家。然后，这两个男孩儿迫不及待地拉开了登山包的拉链，想看看里面有什么，但里面的东西着实把他们吓了一跳。登山包里的东西会让最强悍的男人也感到害怕，因为里面有一具干尸，它和恐怖电影里的干尸一样吓人。听到孩子们的尖叫声后，他们的父母立刻赶到了房间里，之后就给警察打了电话。但没人知道死者的身份。

　　警方对尸体进行了检查，除了小腿和脚上套着松散的塑料垃圾袋外，整个尸体都被紧紧地裹在保鲜膜里。一片黄色的梧桐叶孤零零地贴在大腿上，一层像煤灰一样乌黑的东西覆在小腿以下的皮肤上。给我带来样品的两位警察说尸体很臭，我觉得气味很可能是其腿上"黑色煤灰"所散发的味道。他们同意我的看法，认为那是某种化学物质所散发的味道，可能是某种机油。我迅速做了个临时载玻片来检查"煤灰"，通过镜检结果可以看出，那是团厚厚的真菌孢子。对此，我感到非常困惑。我认为，小腿和脚上松散的塑料袋可以使它们接触空气，而身上紧裹的保鲜膜则杜绝了与氧气的接触。在大自然中，几乎所有的（尽管发现并不是所有的）真菌都像我们一样是需氧生物。虽然这具尸体的其余部分像棕色干尸，但是它的脚上却有一层煤灰一样的东西，这说明"煤灰"中存在一种活性很强的真菌孢子。

　　大家都对这片叶子很感兴趣，经过一番处理后，我终于在它的表面发现了一些花粉粒。经过推测，叶子似乎源于一个凌乱的花园。奇怪的是，里面有许多玫瑰科花粉，还有一些铁线莲、梧桐、松树和桦树的花粉，这些都是有关那片叶子来源的线索。尸检报告显示，死者是被锐器刺死的，但我们无法确定其死亡时间。还有一点非常奇怪，尸体躯干的前后部分及头发上沾满了沙子。虽然警局中的年轻警察们对这个案子很感兴趣，但也被现在的这种状况弄糊涂了，这毕竟是他们第一次处理谋杀案。

受害者的身份被确认纯属偶然。警方对受害者进行了面部重建，并在当地到处张贴"寻人启事"，最后终于确认了死者。警察局附属修车厂的一名警车修理工认出了受害者，指出他是位也门移民，居住在离警察局不远的地方。故事的离奇之处在于，受害人失踪前与他在同一修车厂工作。所以，警察很快就找到了受害者的家人和家庭住址，奇怪的是，他的家人正在出售这所房子，警察对此很感兴趣。

我走到那栋维多利亚时代的红砖住宅前，那里有扇通往混凝土后院的门，紧靠后门的位置有一大簇玫瑰丛，它已经被毁得不像样子了，我对此感到很震撼。一株老铁线莲的残枝还散落在玫瑰丛旁的篱笆上。花园的其余部分已经被洗劫一空，甚至连表层土壤都被转移走了。但有一棵梧桐树孤零零地站在花园尽头，枝叶悬垂在车库和隔壁花园的上方。

通过花粉图谱，我推测凶手用保鲜膜将尸体包裹好了以后，把它放在了后院里，旁边就是玫瑰丛和铁线莲。混凝土上有大量有机的、降解的植物垃圾，由此我就可能收集到玫瑰和铁线莲的花粉。在凶手处理灌木的时候，残留的花粉会重新飘起来。

黄色的梧桐叶子也给我们提供了信息。事实上，通过这片叶子上的花粉，我就能够知道这所房子的花园里的主要植物，以及受害者死亡时的环境。如果这片叶子从树上掉下来的时候就是绿色的，那么，它现在应该还是绿色的，因为过早从母体植物上脱落的叶片中的叶绿素不易被降解。但是，已经变黄的秋叶会自然地从树上飘落下来，并被风从花园里吹到后院。这表明尸体可能是在下半年被裹起来的，并不是在春天或夏天。但梧桐叶分解很快，如果我们在晚秋或初冬时观察，那么它们可能已经腐烂在混凝土中了。尸体上的那片梧桐叶是秋叶，由于尸体外面紧紧裹着一层保鲜膜，形成了缺氧环境，所以树叶没有腐烂。缺氧的环境保存了这枚证据，同时也杜绝了真菌的生长。的确，那片叶子上的花粉图谱所推测的花园图像告诉了我们部分真相，但还有其他大量的证据证明，死者的儿子和孙子参与了这起谋杀。

警方在房子的地下室里发现了一个墓地，以及沾在受害者皮肤上的沙粒来源。在地下室的底层，警方发现了一间砖砌的房间，上面新刷过一层绿色的漆，里面堆满了沙子。检测表明，这是建筑用的沙子，而且已被柴油严重污染。我们惊讶地发现，在海湾战争期间，也门人常常给死者浇上机油，然后把他们埋在沙子里。这当然不是约克郡的传统，通过警方对嫌疑人进行了长时间的调查，原来，死者的儿子和孙子模拟了他们在海湾战争中目睹的一切。死者是位盛气凌人、残酷无情的老人。当时，为了惩罚犯了微不足道的过错的孙子，老人把他的反曲刀扔进火里，然后用刀刃烫伤了孙子的腿。他们忍无可忍，一怒之下失去理智，采取了一些过激行为，夺刀刺死了他。

在调查初期，警方要求我尽可能多地去了解他们的生活习惯和房子结构。在外面的人行道上有一扇活板门，里面有个煤竖井直通煤窖，我从竖井里取了一些煤灰样品。样品里的东西令人费解，为此我头痛了很久，后来我发现：里面的图谱代表了一片干草甸，其中的花粉保存得很好，就像是那天刚刚产生的一样。随后我顿悟了，我记得在我小的时候，人们仍然使用马和马车。以前，他们每天都要经过这些梯田式的街道，当煤矿工人停下来往地窖里铲煤时，他们的马也能休息一会儿。我清楚地记得在威尔士度过的童年生活，每隔一会儿就有几匹马在街道上留下一堆堆马粪。它们很珍贵，园丁常常会急切地冲过去把它们铲进桶里。这就是地窖里会有干草的原因。

干马粪非常容易碎，因此，它们被风吹得到处都是，比如落进水沟、角落或缝隙里。这些粪屑连同里面的花粉就这样年复一年地被吹进了煤井，而含硫的煤尘呈酸性，它们抑制了微生物的活性，因此花粉被完好地保存了下来。那些在马的消化道里幸存下来的花粉，可能自维多利亚时代起就一直躺在那个竖井里，具体时间可以追溯到 20 世纪 40 年代或者 50 年代早期。

这样的发现帮助我更好地了解了奇怪的花粉图谱。从那以后，我学会了去推测一个曾经或正在使用的地方，假如我在林地深处发现了干草甸中的花粉，而那里又远离耕地，那么它可能来自马粪。这些发现很正常。人们从长毛象的粪便中提取到了史前花粉（最后一次出现大约在 1 万年前），在 1991 年发现的奥茨冰人的消化道里也提取到了史前花粉。他是一名于 5000 多年前死在阿尔卑斯山的新石器时代的猎人，杀死他的箭还嵌在他的肩胛骨里。通常情况下，这些来自消化道的花粉和孢子都会被完好地保存下来。

花粉在这样的条件下都能存活几千年，那么，在北威塞克斯强奸案中，受害人和被告的衣服上的花粉所起的作用也就不足为奇了。即使一个人具有足够的法医学知识来销毁自己的衣服，或与他人交换衣服，痕量证据也不一定会消失。无论是生还是死，我们大多数人（除了我亲爱的丈夫）都具有吸附孢粉的自然属性。无论我们走到哪里，我们的毛发始终都会跟着我们；无论我们是否使用喷雾、发胶或者其他产品，花粉和孢子都会通过静电力顽强地黏附在头发上。这让我想起了另一个案子。

有个女孩儿失踪了将近一年，直到 2001 年夏天的最后几天，人们才在约克郡的一个森林苗圃边缘挖出的洼地里发现了她。她的身上裹着羽绒被，那是凶手在匆忙之中裹在她身上的。女孩儿失踪的时候还不到 15 岁，那天她和朋友一起外出买东西，然后在回家的路上失踪了。当时的约克郡警方发动了有史以来规模最大的一次搜索。200 名警察和数百名志愿者沿着街道和她回家的巴士路线展开了地毯式搜索，敲开了数千扇门，搜索了 800 栋房屋、棚屋、车库和附属建筑物。当局发出了搜查令，调查了 140 名有前科的男子，搜查了垃圾填埋场。为了让她回家，一名当地的捐助者甚至提出愿意给提供线索的人 1 万英镑（1 万英镑 ≈ 8.6 万元人民币）的奖赏。但这一切都毫无意义了：她再也回不去了。

一个遛狗的人发现了她，一般情况下，遛狗者是常见的报案人。在那个森林苗圃边缘，10 年前也曾埋过一个女孩儿，这两个女孩儿的墓地仅仅相隔 100 米。我揭开了裹住她的羽绒被，她的尸体上还包着几个绿色的塑料垃圾袋；她的头上还套着一个黑色的垃圾袋，垃圾袋用狗项圈固定在她的脖子上。埋尸地邻近的道路上种着混合的本地阔叶树。林业委员会这样做是为了给大家留下一种印象，即本地有很多外来树种。从林地边缘到大路是一片开阔地带，由酸性草地组成，上面偶尔点缀着石楠花、覆盆子和蕨类植物。这种地形在约克郡和英国其他地方很常见，林业委员会和私人土地所有者会把这些郁郁葱葱的林地散布在山坡上。林地里面绿树成荫但地表凌乱，树木总是排成直线。本地野生动物被禁止入内。在我看来，它们就像一片暗淡无光、阴森恐怖的地毯，根本没有"林地"该有的特点。

当我到达埋尸地时，一些警察和几个全副武装的科学家正忙碌地工作着，现场非常安静。此时，法医考古学家已经进行了深度挖掘，对此，我很不满意，因为他们并没有注意保护埋尸地周围的区域。对我来说，这意味着至关重要的地表样品可能已经被埋尸地里的土壤污染了。我尽可能地靠近埋尸地，以采集那些未受污染的地表样品，调查埋尸地周围和附近的植被，并假定凶手走过的路径。我做了一份全面的物种清单，如果警方能够逮到这个罪犯的话，我就能将这片林地的植物图谱与从凶手的所有物中获得的图谱进行比较。

此时，我还抱着一丝希望，死者被羽绒被包了起来，这就意味着她并没有接触到埋尸地的土壤或周围的植被。无论我从她身上发现什么痕量证据，其反映的都是她所接触到的最后一个"外界"，而不是埋尸地。这就有可能让我们直接找到杀害她的凶手。

正是带着这样的想法，我在女孩儿被发现的一个月后来到了利兹总医院。她的尸体已经在停尸间的不锈钢桌上放好了，我的首要工作就是清洗她脱落的头皮，并尽可能多地从中得到痕量证据。

头发、皮毛，还有羽毛，都是神奇的东西。它们是由抗性很强的角蛋白构成的，指甲、蹄和爪也是由角蛋白构成的。这些角蛋白既结实又耐用。所有的生物组织中能与其在韧性方面相媲美的只有几丁质了。几丁质是螃蟹壳、昆虫外骨骼和真菌细胞壁的主要成分。虽然天然纤维和头发的硬度差不多，但头发的耐用性对于我们这些在寻找那些附着在其表面上的微观物质的人来说，是一个大福音。我发现，如果头发接触到了花粉、孢子甚至矿物质颗粒，它们会迅速将这些微粒转移到任何接触到的发丝上。

每根头发都是由以下几层组成的：首先是最内层的髓质，只有最浓密的头发才有髓质；其次是皮层；最后是外面的角质层，由重叠的角质鳞片组成，随着头发不断生长，鳞片逐渐被侵蚀。因为头发上带有各种静电，所以会主动吸引微粒。这就意味着，在环境适宜的情况下，它可以像蜘蛛网一样，捕获到我们想要的孢粉。花粉和孢子可以在皮毛上停留很长时间。在考古学中，它们可以完好地保存数千年，我们可以通过它们重现史前景观。在法医鉴定中，花粉和孢子能够长期留在人的头发上。在人死亡前、死亡时及死亡后，头发都会吸引孢粉，所以我可以从头发中获得证据。通过分析死者头发中的孢粉，即使尸体被移动过，我也能推断出尸体曾被放置在哪里。

有时，死者的头发干净整洁，但有时并非如此。我经常要处理头发上的血迹、体液和腐烂的黏液，上面往往还覆盖着污垢、土壤和其他东西。人死后一周左右，头皮就会从头骨上脱落下来，皮肤组织的腐烂速度要比头发快很多，因此，死者的头发在离尸体一定距离的地方被发现是正常的。事实上，如果尸体是被扔在地面上，而不是被埋在地下的，那么头发会散落在周围的地面上。我曾见过鸟儿收集这些头发，毕竟它是很好的筑巢材料。

我的调查被拖延了一个月，其中一个原因是，受害者的遗体被保存得非常好，大家认为她不可能被埋了 8 个月。病理学家认为她可能曾被放在冰箱里或者其他很冷的地方，然后凶手在方便的时候将她埋了起来。这就意味着她在埋尸地待的时间相对较短。当然，即使她被冷冻过，大家也不可能知道她究竟被冻了多久。警方聘请了冷冻食品行业的专家，请他对尸体的肌肉状况进行调查。然而，在许多法医工作中，实验和观察并不完全科学，因为人们永远无法模拟原始条件来检测自己的模型或假设。每件事情都是大约、大概，并不完全精准，但这是目前法律所能达到的最好状态。当然大家也应该大胆尝试一些更有创造性的方法来检验自己的观点。

"帕特，"警官对我说，"我们需要知道她之前一直被关在什么地方……"

每当这种时候，我就能清楚地意识到我所肩负的巨大责任。警察、女孩儿的父母、媒体和其他所有人都想知道这个答案，而我则要去找到这个答案。这个责任实在是太重大了。

我到达了停尸间，其入口处的脚浴池里散发着刺鼻的消毒剂的气味，这种气味弥漫了整个房间。停尸间里非常明亮，光线照到了金属桌上并被反射了出来。我已经在更衣室里换好了蓝色的防护服以及那双不太合适的白色高筒靴。我的脚很小，和小孩儿一样，所以我走路的时候不得不拖着鞋。我拖着鞋走到了那张金属桌旁，并开始工作。很快，我就将一些必备工具摆在了工作台上：不锈钢碗和壶、手术刀、钳子、样品瓶、标签、漂白剂瓶和药物洗剂。我的工作是从死者的头发、鼻腔、口腔和皮肤上提取痕量证据。通过分析这些植物颗粒、碎片或者任何我能找到的可能被遗漏的东西，我或许就能够知道女孩儿在死亡前后发生了什么，更重要的是，能够发现案发现场在哪里。

我惊讶地发现，女孩儿的尸体上竟然有这么多植物。起初，我以为这些植物可能有助于破案，但我很快意识到，将尸体从垃圾袋里取出来的那步工作做得不够小心谨慎。打开垃圾袋时，埋尸地的一些填埋物落在了她的皮肤上。植物污染物并没有进入尸体的头部。唯一值得高兴的是她的头发没被污染，否则我就得把埋尸地的孢粉图谱和我要找的地方的孢粉图谱分开。

她躺在冰冷的不锈钢上，身体的腐烂程度较高，尽管她的尸体被保存得很好，并不像那些在高温下放置了 8 个月的尸体。虽然尸体没有腐烂到面目全非的程度，但它仍在积极地分解。当我靠近尸体时，一股恶臭迎面而来，几乎要令我呕吐了，但我还是克制住了这种冲动，继续投入到工作中。腐烂尸体的气味是一种非常复杂的混合气味，它是自溶和细菌酶代谢的副产品。它是一种非常恶心的味道，而且这种味道会随着时间的推移、分解的进行而发生变化。当心脏停止跳动时，你的身体不会立即死亡。当然，你的大脑会停止运作，但细胞要过一段时间才会衰竭，身体也可能会逐渐衰竭。不过有人认为，身体的有些部位会在 4 分钟内开始降解。当然，皮肤的黑素细胞在人死亡后的 18 小时内仍能正常工作。我记得有一起案件，一片树叶从树冠上落了下来，飘到了一具女尸的腿上，那具尸体赤裸着呈"一"字形被摆在空地上。我把树叶从她的大腿上拿了下来，很惊讶地看到了皮肤上留下来的白色叶子形状。死者很年轻，皮肤看起来很白，但当她暴露在树林里斑驳的阳光下时，叶子周围的皮肤已经被晒得很黑了。

我面前的尸体散发着类似奶酪和粪便的臭味。显然，在这个特定的分解阶段，丁酸菌非常活跃。皮肤也很黏，里面可能充满了分解细菌和酵母。因为头皮已经脱落，我把它放进一个深的不锈钢罐子里，并在药物洗剂的稀释液中剧烈搅拌。当我觉得头发已经被处理好时，水已经变得非常混浊了，然后我将这个水倒进了普通的塑料瓶里，把每个瓶子上都贴着详细的标签，再将其放到一边，最后把它们带回伦敦的实验室。为了最大限度地取样，我用最少的水冲洗头发，然后把冲洗的水放到另一个瓶子里。所有的这些脏水都是一个样品，我最终会把它们混在一起，然后再将混合物分成两部分。如果我不小心弄丢了一份，那么还有一份备用样品。

我在停尸间的时候，检查了女孩儿的嘴唇、牙龈和鼻腔。停尸间的技术人员都很友善、乐于助人。我对此心存感激，因为有些人并不完全认同我的工作，尤其是那些病理学家。病理学家是一群混杂的人，他们中许多人都有"自己是神"的错觉。在太平间，他们是神，其他专家的一些古怪想法会冒犯到他们。当然也有一些好的病理学家。

当我在准备样品时，停尸间那边传来了声音。

"我想你该吃午餐了，帕特？"我环顾四周，看到了那位邀请我参与此次案件的高级调查官员，他特别友善。

"噢，是的。"我回答。

我花了很长时间来采样，所以当我们到达员工餐厅的时候，已经没剩几个菜了。

"你想要什么，帕特？"

我实在太累了，不太想麻烦他，而且说实话，我真的一点都不饿。但是我往南开了很长时间的车，现在需要补充体力，因为接下来还要长途跋涉。

"你帮我选吧，"我说，"除了肉，其他都可以……"

过了一会儿，他端着满满一盘子的东西回来了，并把盘子放到了桌子上。我看了看，闻了闻，立马就觉得反胃。那是我平常很喜欢吃的花椰菜奶酪，但它闻起来有点儿丁酸的味道，还有一点儿硫化氢的味道。简言之，它闻起来像那具尸体所散发的味道。它的颜色像新鲜的尸斑，而且看起来像是大脑边缘地区的淡淡的灰色。当然，丁酸来自奶酪，含硫化合物来自花椰菜。十字花科包括花椰菜，能产生许多含硫化合物，我猜这就是有些人讨厌卷心菜、花椰菜和抱子甘蓝的原因。丁酸是在细菌发酵时形成的，而参与奶酪制作的细菌与造成尸体分解及脚臭的细菌是相同的。我试着正常吃饭，但刚咽进去就迅速地吐了出来。我在心里扇了自己一巴掌，用外祖母的话勉励自己："别抱怨了，做自己该做的事吧！"然后我就开始做我该做的事了。

我拿着那份珍贵的样品袋和设备驱车南行。由于高速公路上交通堵塞，我花了7个多小时才到达伦敦。我终于在凌晨1点左右回到了家，然后就瘫倒在电视机前，我的宝贝米奇（那只独眼的、皮毛光滑的缅甸猫）趴在我的腿上。凌晨4点半左右，我醒来了，感觉脖子上有点疼，原来是米奇的胡子扎着我的脸了。此时，电视机里正播放着恐怖电影，并不断发出刺耳的声音。我起身关掉了电视机，抱着米奇上床又睡觉去了，一直睡到上午10点才醒来。

经过反复试验我发现，头发是发现花粉和孢子最佳的地方，并能够吸附微小颗粒，我对它的这个能力感到惊讶。我带了一个硕士生，他的研究结果表明，定型产品或发胶并不会影响头发的吸附力。无论你的头发是否干净、是否有涂层，花粉和孢子都可以附在它上面。在尸检过程中，我曾见过病理学家们漫不经心地用梳子梳理死者的头发，当时我就觉得这样对搜集证据没什么作用。想要获得样品，就必须对整个头部的头发进行仔细取样，梳理小部分的头发并不能获得较多的植物颗粒。令人惊讶的是，法医协议和方法限制了病理学家的思维，他们的工作已经变成了一项检查，而不是有意义的调查。因为我很好奇，总想更接近真相，所以从不认为任何事情是理所当然的。因此，在谋杀案中我总能提供最好的证据。

我记得有位加勒比黑人女性死者，她穿着一套昂贵的但不合适的衣服。我从没碰过加勒比黑人的头发。在太平间里，我试着像往常一样用不锈钢碗来洗涤死者的头发，却无法浸湿。它有点像柔软多毛的女士披风。这些头发排斥着水，药物洗剂就像小的钻石水滴一样，沾在头发表面。当时的那位病理学家想出了一个解决方案，他是我见过的很有创造力的人之一。他在死者的脖子和喉咙上割了一圈，接着，死者的整张脸和头皮都滑了下来。这让我目瞪口呆。尸体就像是一具没有脸和头皮的布袋木偶。我戴着手套把"面套"放到一碗热的洗涤剂中搅拌。我想得到一个好的样品。结束之后我们就把头皮和"面套"套回了尸体头上，你永远都不会发现这张脸曾被取下来过。死者的眼睛完全贴合在眼睑上，看上去和以前没什么两样。我现在意识到整形医生在手术时是怎样看待脸的了。它只是一层覆盖在肌肉和骨头上的薄而灵活的皮。更令我震惊的是，一位优秀的整形医生能够轻松、利落地将皮肤进行切割、移位，甚至根据病人的需求去皮。

回到伦敦的实验室后，我就开始处理样品，将它们离心，并将每一种"上清液"（试管底部和小塞子顶部的液体）丢弃。处理8个样品需要一整天的时间，包括用一系列的强碱、强酸（包括氢氟酸）

来消除不需要的纤维素、其他聚合物和二氧化硅的干扰。最后，我在实验台上放了一长串样品，并开始利用显微镜进行分析。这时，电话铃声忽然响了起来，吓了我一跳。

"有什么发现吗，帕特？"警察的声音从电话里传来了出来。

确实有发现，我已经可以看见了。那是一个无人管理的、残破的花园，附近有篝火。针叶树和阔叶树都被烧毁了，它们特有的木细胞（针叶树的管胞和阔叶树的木质部导管）证明了这一点。它们的解剖结构以木炭的形式被完美地保留了下来，但也有大量黑色的、烧焦的无定形物质以及棱角状和圆形的二氧化硅颗粒（如沙砾）。头发上有很多沙砾和烧焦的碎屑。她似乎躺在离篝火灰烬很近的地方，甚至是躺在篝火灰烬里。

我突然想到了一个地方。那个女孩儿曾被放在疏于打理的女贞树篱附近。通过从死者头发中发现的大量的花粉可以看出，树篱上开了很多花。这也意味着它可能很久没被人修剪过了，也许灌木丛很大，树篱很高。同样，这也意味着她曾躺在树篱附近，因为女贞是虫媒植物，不会产生大量的花粉，死者头发里的花粉却远高于预期。杨树是风媒植物，其花粉可以传播相当远的距离，样品中较多的杨树花粉意味着女贞附近可能至少生长了一棵杨树。它产生的是柔荑花序和大量的花粉，其花粉壁薄，呈小球形，表面有微痂，而且不是很结实，所以可能易于分解。我很少发现这种花粉，更不用说发现了这么多。因此对我来说它是一个很好的标记。

其他种类中可能很重要的植物包括接骨木、山毛榉和一些李属，这些李属可能是李子、樱桃、西洋李子或刺李木。如果花粉是野刺李的，那么这可能是个野篱笆。当所有植物在我脑海中展开时，很明显，这是一个无人看管的花园。首先，在花粉的计数过程中，我根本不认识的那种花粉有 24 粒。因为它们不在我的识别图谱中，所以很可能是外地物种。我不想浪费时间来鉴定它们，因为查阅参考资料和文献需要花费很长的时间，但警察需要我的快速答复。通过以上线索可以看出，这是个花园或公园。我决定务实一些，把精力集中在那些一眼就能认出来的花粉和孢子上，之后再返回来观察那些不认识的花粉和孢子。在整个孢粉学研究中，各种杂草占主导地位，其中许多杂草生长在开放地面和扰动土上——像蒲公英类型的植物、藜属植物、荨麻、荠菜、猪殃殃和许多其他植物。它们中还有盾形蕨类植物甚至有泥炭藓。

我早就不再对在城市环境中能发现沼泽和沼泽地植物（如泥炭藓）感到惊讶了。当你在考虑要从高地（苏格兰、奔宁山脉、寸草不生但又迷人的爱尔兰景观）上挖多少泥煤才能满足园艺业需求时，也应想到，不论你在哪里找到热心的园丁，泥煤中大量的孢子和花粉已经存在于你的花盆和城市土壤中。令人惊讶的是，女孩儿的头发上还含有大量的真菌菌丝和孢子。它们不太可能在头发上生长，因为几乎没有真菌能够分解头发、指甲和羽毛的角蛋白。引起癣和脚指甲感染的是土壤真菌，它可以降解头发，女孩儿头发中的真菌可能是那些生长在植物残骸上的真菌，是通过直接接触而沾到头发上的。

我还在头发里发现了谷类花粉。也许这意味着那里曾种过草莓或大黄。它也可能来自稻草和马粪，虽然腐烂的马粪里通常也有马厩里的稻草。我向调查人员描述了这个可怜的女孩儿在入土前曾躺过的地方，虽然信息有限，但至少它能告诉警方：要寻找的是个庭院环境，而不是个野外环境。他们也在寻找那些对花园管理较为随意的人。

当我在赫特福德郡处理第一个案子的时候，就已经意识到消除所有无关证据或不在场证据的重要性，同样，在这里我也应该这么做。当黑社会谋杀那个从妓女床上抓住的洗钱同伙时，我要确定在嫌疑人车里找到的花粉是否来自弃尸点的灌木篱墙。虽然警察对此表示不解，但还是陪同我去了伦敦东区死者和被告经常出没的地方。我做了物种列表，尽可能多地收集了罪犯可能接触过的地面样品及与他相关的区域中的样品。我尽了最大努力，尽可能地排除车上花粉的来源。我们那天的任务可能是成功的，但我之所以记住它是出于别的原因。

我正在路上埋头整理笔记，两侧各有一名身材高大的警察盯着我。我不明白出了什么事，直到其中一个警察轻声说："我们得走了，帕特。"

我在那些日子里充满了活力，这可能与我刚开始接触侦破工作有关，也许是大学里的安全生活过得太久了，我都没有考虑过自己现在所接触的这个世界。"我还没有准备好呢。"我抗议道，"我们还要去别的地方，我要列出其他的植物列表。"这是我第一次尝试警察工作，最重要的是要做得全面彻底。然而……

"不，帕特，"警察严肃地说，"我们得走了。"直到那时我才抬起头来。不知怎的，我和便衣侦探在一起的消息传开了。我们看上去很显眼。坦诚地说，我们看上去既可疑又滑稽：两个身材魁梧的男人，穿着深色裤子和漂亮的白衬衫，中间的一个小个女人在笔记本上乱写。我怀疑居民们每天都能看到这样的情景。现在每条街的拐角处都有人影。周围的人们都看着我们，如人行道上、十字路口或某人的前院。这是我第一次真正理解为什么无论在什么地方，警察工作都要保持小心谨慎。然而现在，我们必须离开。错误的证据将会带来严重的后果，没有对照的证据所带来的后果则更严重。如果报告中的诉求缺乏证据的支持，那么起诉案件可能会失败。所以，做得彻底是非常重要的。

现在，我们重新回到这个女孩儿的失踪案里，我必须排除所有不相关的地方。我已经从她家的前后花园以及她最后被看到的地方采集了样品。并且，我必须证明她头发上的孢粉确实来自她被绑架后的地方。我还列了一长串的植物清单，既包括这些花园里的植物，还包括她家附近所有的植物。辩护律师很狡猾，他们要做的就是在法庭上减少起诉的理由，指出那些来自尸体的孢粉也可能出现在其他地方，而并不仅仅是那些与被告有关的地方。我在处理每个案件的时候，总会设想法庭上的辩护律师会向我提出哪些问题，因为他们会想方设法地否定我的证据。然后我试着回答这些问题，并在心里默默地完善调查程序中的每个小缺口。

当我研究花粉的时候，警察们在做侦查工作。女孩儿失踪的消息铺天盖地地袭来，冰岛超市连锁店出售的每个牛奶盒子上都印着她的头像。此时，有两个人分别联系了警方，他们指控同一个人。他们俩是通过"孤独之心"专栏认识他的，他和那个女孩儿的家人住在同一个小区。据嫌疑人的邻居说，他是个普通人。他以卖宠物食品为生，经常在女孩儿埋尸地的那片树林里打猎，但不与别人来往。不过，有很多案例表明，一些人会在平庸的外表下掩藏完全不同的性格。据他的前女友们说，他有性虐倾向，会把自己的情人绑起来锁在柜子里。令他的前女友们惊恐的是，他曾向他之前的一个情人坦白，他想用电缆把她女儿绑起来，并与她做爱。

所有这一切线索迫使这个人站在了聚光灯下，但这些都不足以让警方发出逮捕令。当警察们忙着找那些不利于他的传闻时，我也在忙着找证据。最重要的是要把这个女孩儿和这个男人联系起来，或者把她和一个与他相关的地方联系起来。2008 年之前，英格兰和威尔士的法律体系规定，在证明被告有罪之前，被告必须被认定为无罪，"排除合理怀疑"。证明有罪完全是检方的责任。这个要求现在仍然成立，但法官必须通知陪审团，他们"必须确信被告是有罪的"。"排除合理怀疑"的概念是公开解释的，只要涉及我的痕量证据，辩护律师很容易就会提出，孢粉图谱可以从其他地方获得。

有趣的是，我每次在庭上提供证据时，几乎都会明显地发现律师对科学知识知之甚少，对植物学更是一窍不通。有些律师会让下属熬夜奋战，试图提出一些会让我措手不及的问题，但他们根本不懂那些问题的含义，所以对我来说，它们非常简单。*

警方那边终于有了突破，他们获得了搜查权，能对那个喜欢捆绑女性的宠物食品零售商的房子进行搜查了。他们从那个把黑色垃圾袋固定在女孩儿脖子上的狗项圈入手，查出了它的生产商，它是诺丁汉的一家制造公司。这家公司为 200 多家零售商供货。经过一番艰苦的排查，警察们发现，一家位于利物浦的邮购公司向谋杀案发生地销售了 3 次狗项圈。其中有一个就寄给了嫌疑人。这就是警察进入他家及其后花园的正当理由。

我已经知道警察进入他家的后花园后会发现什么了，因为我在心里看到过那个地方。当警察带着我去的时候，我认出了这个地方。花园很小，不过，这个地区的花园都这样，令我印象最深的是那棵大的西洋李树，花园里大部分的小路都被它的树冠遮住了。这就是

---

* 我总是把我的证据当作弹药。我把子弹交给律师——律师就是武器，他瞄准目标，把子弹射出去。如果他不是一个好枪手，他的委托人就会败诉，最终法庭也会宣判他的委托人有罪。从我的经验来看，法律界有很多很差的律师。我只遇到过一个辩护律师，他在我代表检方的时候给我造成了很大的困难。我们曾在一起引人注目的谋杀案（两名来自东英吉利亚的漂亮小女孩儿被谋杀的案件）中合作过，我和他一起在室内待了很长时间，给他讲解了生物学证据的优缺点。在中央刑事法庭的那次开庭之后，我再也没见过他，直到伊普斯威奇发生了一起妇女谋杀案。那天，我很后悔将这个像剃刀一样锋利的人引入孢粉世界。我与律师卡里姆·哈利勒的相遇本身就是一个故事，我们现在关系很好。我钦佩他（尽管我讨厌他使我陷入困境，但还是钦佩他），认为他完全有能力胜任中央刑事法庭的记录员和兼职法官的工作。

样品中李子、西洋李子、樱桃的花粉的来源。后门的左边有个孤零零的小屋，此时，我听到里面有动静。哦，一只可爱的小雪貂正回望着我，小猫一样的脸紧贴着网。现在，我主要关心的是这个被关在笼子里的可怜无辜的小家伙，在整个行动过程中没人关心它。直到我们协商确定了雪貂的归宿，我才开始继续工作。我注意到了小屋里的稻草——谷物花粉。事实上，花园里到处都是稻草。他以前养过狗，花园的左手边有一排砖砌的狗窝，时间太久，现在都荒废了，但里面还散落着一些稻草。远处是篝火的残迹，再远一些就是花园的边界。一堵巨大的、由生长旺盛的女贞形成的树篱墙将这里与邻近的房屋隔开了，一棵白杨树的枝条和一棵接骨木的枝条从缺口处伸了进来，悬在树篱上方。那里有个废弃的、破旧的花坛，以前很可能种满了花。或许，那些我不能立即鉴定出的花粉就来自这里，但现在已经不重要了，只要能确定样品中的植物花粉来自这座花园就可以了。

花园另一边的篱笆边上还有一堆篝火的余烬，但我知道死者的头发并没有接触过这个灰烬，因为花园那边植物的孢粉和她头发上的孢粉完全不匹配。那边堆着的垃圾上也长着野蔷薇，整个地区都被田旋花包围着，一些矮小的柳兰在一团乱麻中钻了出来。如果死者离它们很近，那她的头发上就会沾上它们的孢粉，但事实上，死者的头发上并没有这些植物孢粉。我从死者头发和包裹她的羽绒被上所获得的孢粉图谱，与我在第一堆篝火、女贞树篱底部、白杨树和接骨木树下所获得的植物图谱相符。在院子里，许多矮小的野草生长在紧实的泥土上，它们都曾出现在我的孢粉图谱上。其中数量最多的是藜、荨麻、三叶草、猫耳草和苦苣菜，后两种构成了蒲公英类型的花粉。院子的这边也有很多杂草，但它们被田旋花和野蔷薇淹没了，很少出现在另一堆篝火旁。

毫无疑问，凶手将死者和羽绒被放置在这个后院一段时间后才埋葬。她的头发一定是松散地散落在地上的。随后我在现场采集的对照样品证实了我们之前的分析结果。死者很可能就被放在花园的这个位置。

正如之前所说，"凡有接触，必留痕迹"。任何案件，都会留下线索。花园里有一些孢粉图谱中没有的植物，但这是可以预期的，特别是那些风媒植物。在法医生态学中，没有百分之百准确的证据，但是，结合当时发现的狗项圈和我提供的证据足够让凶手认罪服法。这能使死者家属免于承受刑事诉讼过程中的痛苦，不用在法庭上重温女孩儿的死亡过程。我相信，即使凶手再怎么辩称自己是无罪的，孢粉学为法庭提供的证据也足以给他定罪。

事实上，他的供词变了好几次。他先说这是一起激情杀人案，但他不知道自己的作案动机，所以不得不隐瞒真相。第一次他说，杀人后他立刻把死者埋在了林地里；第二次他又给出了另一个接近真相的版本，和孢粉图谱提供的证据基本一致：他杀死女孩儿后，没有地方藏尸，就用垃圾袋和羽绒被把她裹了起来，并藏在后花园。她的头发扫过了地面，沾上了我发现的那些花粉。这也许促使凶手把死者的头放进了垃圾袋里，然后用狗项圈把它固定住。也许他不忍心看到她的脸，但这些无法成为她的尸体腐败程度较低的原因。许多坏人也是骗子，还有人相信他吗？女贞、白杨、接骨木、西洋李子、藜、荨麻、泥炭藓孢子以及我甚至不必去辨认的外来花园植物，都在向我们低声诉说着死者在那里度过的最后时光，并帮助女孩儿沉冤昭雪。

·第八章
"尸体农场"

虽然诺克斯维尔的"尸体农场"具有很强的开创性和令人兴奋的意义，但它只是我们探索尸体腐败过程的一个组成部分。我们生活在大自然里，每个生态环境下的气候条件、土壤环境、林地种类都不尽相同，所以，我们永远也无法构建出一个包罗万象的人体分解模型。

很多年前，我、外祖母和她那两个上了年纪的表兄弟一起住在北威尔士里尔的豪宅里。房子前面有个大屋檐，那是野生动物的天堂。我已经习惯了栖息在那里的蝙蝠经常发出的叽叽咕咕的声音以及不时拍打着翅膀的声音。在一个温暖的夜晚，我第一次近距离接触到蝙蝠。那天晚上，卧室中被窗帘遮掩着的窗户大开着。我在熟睡中被外祖母吓醒，她手里拿着一本卷起来的杂志，并在卧室里不断地挥舞着，似乎在打什么东西。我迷迷糊糊地坐了起来，揉了揉眼睛，然后惊讶地发现她在追一只蝙蝠。这个可怜的小家伙不知道什么时候从窗外飞了进来，现在正以灵巧的身姿躲避着卧室里的障碍物和外祖母手中的武器。她手中那本卷起来的杂志就像木棍一样结实。突然，她挥出了致命的一击，蝙蝠从我们床的上方掉了下来。我不知道它是晕了还是死了。刹那间，外祖母迅速把它提起来扔了出去。

她长舒一口气，回到我们那张温暖的大床上，很快就睡着了。而我躺在她身边，却久久难以入睡，而且感觉很难过。那时的我一直想不通，她为什么要杀死那些她不喜欢的动物呢？现在我知道了，因为她是个土生土长的澳大利亚人，那里有些危险的动物，它们随时可能会要了你的命，所以她绝不会让蝙蝠这样的东西留在我们的卧室里。她认为蝙蝠会趁着我们睡觉的时候偷偷吸我们的血。

第二天早上刚吃完早饭，我就飞速绕着房子跑到卧室窗户下面。蝙蝠仍然躺在那里，一动不动，很明显，它死了。我跪下来抚摸它，心里有点害怕，因为我从来没有近距离地靠近过它。它的皮毛摸起来特别软。我举起它的翅膀，它的小爪子钩住了我的指尖。然后我就吃惊地发现，蝙蝠的翅膀实际上是只"手"。它的翅膀上并没有羽毛，一层非常薄的黑色皮肤延展到它修长的手指间。它真的非常漂亮，我为它的死而哭泣。我用干净的袜子把它包在最里面，然后将其藏在床头柜里。前几个星期我一直在认真地学习编织，于是我跑到羊毛袋旁，取出那块我花了好久才织出的方巾，然后拆掉上面的淡蓝色毛线，再小心地将其一圈圈地缠在这具尸体上，直到它看起来像具木乃伊。院子里有一处安静的紫色树篱，上面有一大片鲜红且低垂的花朵，我用藏在口袋里的勺子在其下面挖开了松软的泥土，然后把这个小尸体埋在了里面。从那以后，我才意识到外祖母并不完美，而且，再也没有忘记她是如何肆意杀害一只可爱的小动物的。

用羊毛线裹住的蝙蝠被埋在地表下3英寸（3英寸≈8厘米）深

的地方，我们与它相似，都会经历死亡。现在回想起来，当时那份充满了艺术和诗歌般色彩的浪漫死亡是多么虚假。终有一天，你我都会像那只蝙蝠一样死去。死亡将会终止身体中一切奇妙而复杂的运作，我们只是一堆没有生命的肉、血和骨头。

我出生在威尔士的一个小村庄，那里的人们从未质疑过上帝或宗教。作为一个小女孩儿，我经常去教堂，而且从未怀疑过这件事：耶稣基督为我们而死。其他人似乎也从未对此表示过怀疑。大家只是简单地相信，好人会上天堂，坏人会下地狱。但是，我那多彩的生活经历使我抛弃了这种简单的黑白观。我逐渐意识到，生活是困难的、复杂和不公的，我实在看不出有什么逻辑上的理由让我相信来世可以永生。从逻辑上来讲，我们唯一的来世是将基因传给后代，但是，我们也可以通过写作、美术或音乐作品而获得不朽。我开始相信，灵魂并不是永恒的，虽然我的转变是渐进的、模糊的，但我知道，此生我将会是一个坚定的无神论者。我坚信我们活着是因为生命（化学和物理共同作用），我们的身体在我们死后将会以与以往相同的方式被循环利用。

你的身体只是短暂地属于你，身体中的元素是从环境中借来的，最终将归还大自然。你的身体是个生态系统，许多不同类型的微生物都以它为家。当你的大脑和循环系统永远停止工作时，你就会死去，但你体内的细菌、真菌群落，甚至是你毛孔里的螨虫和肠道里的蠕虫（如果你有的话）还会存活一段时间。

当血液停止流动后，身体就会冷却，直到其温度与周围的温度保持一致。这些环境条件将对尸体的腐败过程产生重大影响。心脏停止跳动后，毛细血管和静脉中的血液将不再向你的心脏泵送，从而沉积下来，这会造成皮肤第一次变色，该情况被称为尸斑。之后，肌肉纤维将会结合在一起，肌肉将变硬，从脸部逐渐蔓延到全身，该阶段被称为尸僵。

身体不会立刻死掉。在缺氧条件下，大脑会在3~7分钟内停止运作，但身体的其他部位可能需要几个小时才能停止工作。当大脑停止工作24小时后，皮肤仍然可以在实验室里培养。当你死后，身体内部会发生翻天覆地的变化。身体在正常运转时，体内会定植数以百万计的微生物，尤其是肠道内的微生物，它们最终会改变一切。当心脏停止跳动后，肺部也停止了呼吸，此时氧气将无法进入细胞，你体内的需氧微生物将会迅速耗尽剩下的氧气。它们会使你的身体充满二氧化碳和其他气体，并开始毒害你身体内的细胞。你身体内的细胞会释放酶，在自我消化或自溶过程中分解你的组织。

与此同时，厌氧微生物开始增长和繁殖。该微生物会受到氧气的毒害，而在缺氧的情况下生存。降解的细胞为厌氧菌的生长带来了巨大的福利。它们开始疯狂扩散，迅速增殖，从而进入血管，血管的管道系统有利于厌氧菌侵入每个组织和器官。这些厌氧菌以尸体为食，尸体内的蛋白质、碳水化合物和其他复杂的化合物是它们的能源，它们会在代谢的过程中排出有害的酸、气体及其他代谢产物。难闻的气体，如硫化氢，会使周围的血管变黑，让尸体产生恶臭。当身体内的各组织不能维系在一起且细胞间的凝聚力消失时，组织和器官就会变成糊状物，这时"腐败"就发生了。

分解不是一成不变的。决定这一过程的变量有很多，而且我们对其中的许多情况几乎一无所知。生活中没有两个相同的人，同样，每具尸体的腐败过程也是不同的，正如我的工作一次又一次证明的那样。有些尸体腐烂得比较慢。如果死者在死亡前接受过抗生素治疗，那么尸体的分解可能需要相对较长的时间。治疗呼吸系统感染的抗生素，不仅能杀死和抑制胸部的微生物，同时还会杀死和抑制肠道微生物。如果肠道细菌和其他微生物已经被药物清除了，那么它们就不会从内到外分解你的身体。

死去或腐烂的地方的环境温度或湿度；死时所穿衣服的松紧；坟墓的深浅；尸体周围的土壤性质，如黏土或沙土——所有这些因素都与尸体的消失速度有关。人们一直在寻找加速或减缓尸体分解的具体原因，但影响分解过程的因素实在是太多了，而在不了解分解过程的情况下就进行推断是危险的。有时，即使是埋葬在同一墓地里的尸体，在各方面条件几乎相同的情况下，其腐烂速度也不相同，没人知道真正的原因是什么。

1998 年，位于曼彻斯特市郊海德镇的医生哈罗德·希普曼因涉嫌谋杀他的病人而被捕，没人想到这竟是一起恐怖的连环杀人案。哈罗德最终因 15 起谋杀案而被判终身监禁，但有一项相关调查确认了 218 名受害者，并预测他可能谋杀了 250 多名患者。该调查要求从坟墓中挖出一些死者，并对其进行尸检，我看过尸检照片，那是令人震惊的。我清晰地记得一位经过防腐处理的绅士，他仍然穿着晚礼服戴着领结。他已经被埋了很多年，但仍然完好无损，很容易辨认。这是由于殡仪馆工作人员在他的血管里注入了大量的防腐剂，人们想知道他是否会消失，或者又是否会像埃及木乃伊一样保存数千年。其他棺材里的尸体保存情况各不相同。虽然有些死者可能已经被埋葬很长时间，但他们的遗体仍然被保存得很好，而有些死者的遗体已经所剩无几了。这点让人既着迷又困惑。

在有些大学，尸体的分解进程和时间是热门研究领域。对于那些学习人类学课程、梦想成为警察部门专家的学生而言，这门课很受欢迎。当然，通过尸体的腐败阶段来预测死亡时间是很有意义的，但是该过程的多样性意味着我们永远都不可能建立一个普遍适用的预测模型。

从 20 世纪 70 年代起，人们逐渐对这一领域产生了研究兴趣，当时警察经常邀请美国人类学家威廉姆·巴斯博士到犯罪现场参与调查，并让他推测死者的死亡时间。他说这是一个令人难以置信的偶然事件，如果他能在自然环境中观察到真正的尸体腐败过程，那么预测将会变得更容易、更准确。他与当地的浸礼会教徒和其他抗议者进行了多次争论，最终在诺克斯维尔的田纳西大学附近的一块林地里成功建立了"尸体农场"。"尸体农场"里的所有尸体都暴露在自然环境中，以便研究环境与尸体腐败的关系。"尸体农场"的周围是高高的栅栏和带刺的铁丝网，以此来与外界隔离。巴斯博士在他的回忆录中将它命名为"死亡之地"，作家帕特丽夏·康薇尔曾在她的小说《人体农场》中宣传"尸体农场"。从那之后，它成为世界上著名的地方之一。我是她早期作品的热心读者，非常想去那里参观。后来我得到了参观的机会。

巴斯博士需要一些捐献的遗体进行科学研究。为了得到更多的与尸体腐败相关的知识，他会把尸体放在"尸体农场"里的不同环境中，并和他的学生们一起进行细致入微的观察工作。想象一下那些被警察发现的尸体，它们肯定不会被整齐地摆放好，可能是完全掩埋或部分掩埋在土壤中；可能隐藏在植被中，或淹没在水中；可能穿着衣服或赤身裸体；可能被绑住了手脚、塞住了嘴巴，甚至已经被肢解了，身体的其他部分被丢到了不同的地方。在"尸体农场"中，他们用那些捐赠的遗体，模拟了不同的死亡场景，并详细记录了它们的腐败过程。如果能够进行多次的重复实验，就可以建立一个数据库，以此来记录特定条件下尸体的腐败情况。而且，自从人们知道了"尸体农场"后，很多博士生开始对尸体本身、尸体周围的土壤以及尸体上的昆虫进行各种各样的研究。有人设计了实验，试图来检验那些可能影响尸体腐败速度的变量。

2005年，我得到了参观"尸体农场"的机会，当时有人邀请我拍一部以我的工作为主题的电视纪录片。我不太愿意，连续拒绝了他好几个月，但导演莫里斯·梅尔扎克是我见过的最安静、最执着的人。后来，他想在诺克斯维尔的"尸体农场"里采集一部分故事。几个月来，虽然他非常有礼貌，却一直缠着我，让我去拍那部纪录片。我一直在拒绝他，他也一直忍受着我的拒绝，直到有一天，他问我能不能来我家喝杯茶。我应允了，我记得我们一起坐在我家阳光明媚的暖房里，他问我："你想不想和威廉姆·巴斯聊聊，看看他们都在做些什么？"他说到我的心坎里了。我一直想去，而且很爱管闲事，所以，我是不会错过这种事的。虽然一开始我们相处得不是很好，但后来，他成为我的好朋友。

我不喜欢旅行，国际机场冗长乏味的程序令人生厌。而且，为了赶上当天从费城到诺克斯维尔的最后一个航班，我们必须要尽快地跑。最后，我们转了3次飞机才到达诺克斯维尔。在整个旅途中，我们都穿梭在那些拖着超大行李、挪动缓慢的移民队伍中，其间还夹杂着婴儿的哭闹声，我简直快要被逼疯了。

我们终于到了田纳西大学，见到了威廉姆·巴斯和他的同事们。他们都是人类学和考古学方面的学者，大多数人似乎都对骨头很着迷——研究骨头的断裂方式、被击中时骨头的破碎方式或者骨头在不同的场景中被保存下来的方式。我们还参观了各个部门的办公室，礼貌地向各位学者点头致意，他们抬起头，微笑着向我们问好，然后继续工作。一个女孩儿给我们做了个很好的演示，教我们如何确定子弹的切入点，以及如何找出与颅骨上的各种裂口相匹配的工具。我想，她的工作与警方调查密切相关，她是个很好的老师。

威廉姆·巴斯是个踏实、快乐的人。他出生于1928年，于20世纪50年代开始了自己的研究生涯，通过挖掘美洲土著人的坟墓来对其进行研究，但他一生中的大部分时间都在协助联邦政府和地方警察鉴定尸体。这份工作很辛苦：因为美国的国土面积较大，而且谋杀案也较多。他们可能永远都不知道每年有多少人死于谋杀。他们有好几种不同级别的警力，而且相互之间是独立行动的。对于局外人来说，美国警察系统非常复杂，彼此进行信息的协调大概也是不容易的。我被告知，他们的各个部门之间缺乏凝聚力或交流。威廉姆·巴斯为各个领域提供帮助，他伟大的成就之一，就是在 1981 年建立了"尸体农场"。

快要到达目的地的时候，我非常兴奋，就像那些在圣诞节早晨早早醒来准备寻找礼物的孩子一样。我们先穿过了那个重兵把守的大门，然后我发现了一块阴凉地，它周围有很多树，我的脚下是稀疏的绿色植物，还有几条通向不同方向的小路。这块阴凉地一边的地面上全是葛藤，它以令人窒息的生长模式形成了不间断的绿色的造型。这种植物是从东南亚引进的，现在却成为美国南部的绿色恶魔。它蔓延、攀爬、卷曲、缠绕在所经之处的每个物体上，最终任何障碍物都会变成绿色幽灵。

这只是我走进大门时看到的有趣的事情之一。我继续向前走，发现了一片空地，上面摆着处于不同腐烂阶段的尸体。我很好奇，用不同的视角观察这些尸体。一些人被部分掩埋，另一些人则被完全掩埋，还有一些人是赤身裸体的。让一个人面对这么多被随意处理的尸体，无疑是一种残酷的磨炼。虽然有些场景比恐怖电影中的还要恶心，我却没有丝毫震惊。与我的工作相比，这里给我留下的最深刻的印象就是，一切都没有血色，而且尸体的皮肤、头发和指甲都变成了普通的棕色。只有新鲜的尸体似乎才是真实的。

这么多年来，法医一直用尸体的腐败程度来确定"死亡时间"，即一个人死亡后到被发现的时间。人们心中存在一种偏见导致遗赠用于分解研究的尸体无一例外都是白人、中老年男性，这意味着所观察对象的样品并不全面。老人往往需要药物治疗，当然，这可能会影响分解率。黑人、西班牙裔和女性的遗体很少，我也不知道该机构是否收到过儿童遗体。如此看来，无论是出于什么原因，黑人、西班牙裔和妇女似乎并不热衷于暴露和被研究。如果想要得到真正有意义的数据，那么在选择尸体时不应该有任何偏见，当然前提是能得到这些尸体。我在访问期间，曾看到一具躺在森林里的黑色尸体，他的故事是悲伤的。他出现在这里的原因仅仅是他的家人不想支付丧葬费，并认为将其捐给威廉姆·巴斯是个有用的解决办法。还有一具遗体，因为他生前非常可怕，他的家人想要在他死后"惩罚"他，所以把他捐献给了这里。

当我们正安静地走着时，一位资深女学者说："哦，快躲开这棵爬满铜头蛇的藤蔓。"我曾听说过这个名字，还以为它是蝴蝶。事实上这是错误的：铜头蛇是一种响尾蛇，虽然很少有人因被它咬伤而死亡，但这种咬伤也会对人造成严重的影响。我还被它的繁殖方式吓了一跳，在没有配偶（没有精子）的情况下，雌性也可以繁殖后代。它的卵细胞分裂两次后会形成 4 个细胞，其中 2 个结合形成胚胎。所以，即使在脊椎动物和无脊椎动物中也存在单性生殖！如果没去诺克斯维尔，我可能永远也不会遇到这种情况，也可能不会更多地关注"尸体农场"里的食腐动物。

我发现，大学里几乎所有人都手持一根长棍。他们用棍子打掉棕色隐士蜘蛛的蛛网。大多数美国人认为，这些蜘蛛是有毒的也非常可怕，如果被它们咬到，后果将会非常严重。但我想告诉那些不得不在它们周围的人，书上说它们并没有那么危险。每个人都有自己害怕的东西，我敢肯定大多数人和我一样怕蜘蛛、蛇以及恐高——现在蜘蛛和蛇就在我的周围。我一点儿也不怕塞满蛆虫的肚子，或是塞满苍蝇卵的眼睛和鼻孔（那看上去就像装满了棉絮），或是恶臭的气味，或是空洞的眼窝、张开的下颚，或是从头皮上滑落的头发，但我真的很害怕和那些野生动物亲密接触。

蜘蛛和蛇都没有咬到我，但具有讽刺意味的是，一种看起来很无辜的植物咬到了我。我穿着单薄的棉质七分裤，回到酒店后，发现自己的腿上有红斑，就像被跳蚤咬了一样。我觉得很痒，又觉得很痛，无法对此置之不理。我想我可能得了沙蚤病，那是一种由红色螨虫引起的疾病，它的幼虫会在皮肤上挖洞，然后吸出里面的"汤"。但事实上这不是沙蚤病，经当地人确认，这是由一种毒葛（毒漆藤）引起的。那是我一生中最痛苦的一晚。凌晨3点左右，我扯掉睡衣，露出腿上的脓疮——我一晚上都在抠它们。我本能地冲了个热水澡，先用指甲刷和沐浴露疯狂地擦洗那块让我感到痛苦、灼烧的皮肤，再用冷水冲洗。经过一系列激烈的刺激后，我又用炉甘石洗剂轻轻地擦了一下，立马感觉好多了。后来我才知道，这种植物表面有一种油（漆酚），它能粘在皮肤和衣服上，一旦将油去除，皮肤就能愈合了。也许每个美国孩子都知道："如果树叶有3片，那就不要碰它。"毒葛的茎端就有3片叶子。我永远不会忘记它，我有伤疤为证。

第二天，为了拍摄一名即将毕业的博士生，我们回到了"尸体农场"，她将在一具尸体旁谈论自己的研究。那天早晨的尸体非常新鲜，吸引了最早出现的食腐动物和食肉动物——各种蝇类，我们对此很感兴趣。这名学生正在研究苍蝇群落的演替，试图利用腐肉的序列将其进行分类。一开始出现的往往是丽蝇（如反吐丽蝇）和绿蝇（如丝光绿蝇）。当然，不同物种生活在世界的不同地方，但在很多地方，丽蝇和绿蝇都是新鲜尸体上常见的"拓荒者"。它们能在几分钟内就找到一具尸体，雌性立刻开始在每个有孔的地方产卵。它们能进入每个有孔的地方，有时甚至能直接进入较高的鼻道。

所有的科学知识都是循序渐进的，当这部纪录片拍完后，我清楚地意识到，虽然诺克斯维尔的"尸体农场"具有很强的开创性和令人兴奋的意义，但它只是我们探索尸体腐败过程的一个组成部分。我们生活在大自然里，每个生态环境下的气候条件、土壤环境、林地种类都不尽相同，所以，我们永远也无法构建出一个包罗万象的人体分解模型。因此，自田纳西州成立了该机构后，美国又陆续成立了 6 个此类机构，它们分别位于北卡罗来纳州、伊利诺伊州、科罗拉多州、佛罗里达州和得克萨斯州。除得克萨斯州有两家外，其他各州只有一家。澳大利亚的悉尼郊外也有一家。英国的科学家们也试图成立一家这样的机构，但总有人反对。不过，现存的这些机构已经可以模拟不同的生态条件——不同的温度、湿度、土质、微生物和食腐动物。

我们需要花费很长的时间才能建立真正有效的预测模型。虽然我们必须在结果中附加一些警告，但"尸体农场"为研究人类尸体的腐败过程提供了很多参考资料。多年来，英国和欧洲其他地方的科学家和他们的学生一直把猪当作替代物，利用它来进行人类尸体腐败过程的研究。猪的尸体的腐败过程很有趣，不过动物个体之间总是存在差异，我一直怀疑这种研究结果的有效性。虽然猪和人在许多方面具有相似性，但是腐败过程的障碍之一是皮肤，猪皮与人皮相比更厚、更坚硬，更重要的是，猪的皮下脂肪也非常厚。

这些区别影响了腐败过程的早期阶段，即食腐动物和微生物种群一开始参与的腐败过程。为了解释一些案情，我和其他人一样选择用猪来做实验，并把猪埋在了不同的地方。但我只是在特定情况下才会这样做，即当我试图在已知的土壤和温度下重现一系列已知事件时。对特定的情况而言，这项工作绝对是值得进行的，具有一定的启发性。我能证明，如果一名死者在平安夜被埋在酸性的林地黏土里，那么在大多数情况下，直到4月他才会被狗和狐狸发现。按照之前的惯例，昆虫学家最先开始检查尸体，他鉴定了尸体上最大（最老）的蛆，由此确定受害者死于2月，警方的情报人员告诉调查人员的情况却并非如此。他们问我是否可以推测出死亡时间。

我的爱尔兰朋友海伦·奥黑尔非常热心，他就读于剑桥大学的兽医科学部，给我提供了3头死于兽医实验的猪。我永远不会忘记那个寒冷、黑暗的平安夜，海伦、我和一群热心的警察一起将这些还有余温的猪埋在了犯罪现场。最终，这项实验的结果表明，死者的确有可能被埋于平安夜。我提出了一个涉及土壤效应的理论，并与伦敦国王学院的昆虫学家就这一发现共同发表了一篇文章。后来，那篇论文似乎成了经典，经常被引用。在我看来，已发表的许多有关埋葬猪的研究并没有什么实际的应用价值。就像这次，实验需要在特定的条件下进行。我们设法从这个简单的实验中收集大量的信息，为此，几个月来，我每周都会去看埋在地下的猪，还通过那些连在电脑上的温度计不断测量土壤和空气的温度。

如果能够建立一个行之有效的预测模型来预测人类尸体的腐败方式，那将非常有用。但影响这个过程的因素特别多，因此，建立有效的预测模型将是一个长期任务。由于那些无法衡量的因素实在太多，再宽泛的规则也不可能适用于所有情况。每当我读到那些关于尸体处于"腐败阶段"或"膨胀阶段"的描述时，就会感到非常不舒服。事实上，有些尸体在腐败阶段会膨胀，有些则根本不会。我们应用了很多技术来估算死者的死亡时间，其中大多数技术都是用于观察身体组织和体液的变化顺序的。其中一项技术涉及眼睛玻璃体的化学分析，另一项技术则是监测腐败过程中生成的氨基酸、脂肪酸、挥发性有机化合物或氨、尿酸、乳酸以及在一定时间间隔后生成的其他化合物的组合。这些信息基本上都来自"尸体农场"，但有趣的是，这些化合物的组合并不是一成不变的。无论死后身体会经历怎样的过程，死亡本身都是唯一绝对的事实。

在我们参观完诺克斯维尔的"尸体农场"几年后，导演梅尔扎克得了重病，有一段时间我和戴维一起照顾他，直到他去世。癌症专科医院离我们家很近，我们白天把他带过去，晚上再把他带回家，让他过着温暖的家庭生活。我们的黑猫莫迪也安慰了他。最后，他还是死了，死时只有 63 岁，直到现在我还很想念他。他是个极具创作天赋的好人，热爱大自然。在和他相处的过程中，我逐渐喜欢上了他，喜欢上了他那怪异的举止。

我的"尸体农场"之旅给我带来了一个朋友，也让我深刻地意识到我们是多么无知，在尸体的腐败过程中，我们还有很多需要研究的谜团。如前所述，尸体从腐败到干尸的可能性很大。为了证明这点，我可以给大家讲述一个特别的故事。可能是因为它发生在威尔士，离我出生的地方很近，所以我对它印象颇深。

有一个家庭以经营酒吧为生，他们家的酒吧已经开了很长时间，是这个威尔士小村庄的中心———一个聚会的地方，一个社交的场所，一个充满欢声笑语和安慰的地方。酒吧位于他们家的房子旁，里面有一间阁楼主要用来存放板条箱和木桶。多年来，家里的父亲和母亲一直共同经营着这个酒吧，后来，他们的儿子和儿媳也加入了进来，家里的生意变得越来越好。但母亲失踪后，一切都变了。

在英国，警方每年能接到 25 万起失踪案，所以失踪案很常见。最后，几乎所有的人都会被找到，很多人不需要警察搜查就会自动出现，回到自己的生活圈。但也有一些人要么离开了自己的生活圈，要么在其他情况下消失了，从此再也没有出现过。

酒吧老板在妻子失踪后报了警，警察们开始四处搜查。他们联系了她的朋友和家人甚至远房亲戚，希望能找到一些线索，但最终都无功而返。他们的搜查范围越来越大，整个威尔士乃至更大范围内情况都是这样的：没人见过她，她真的消失得无影无踪了。酒吧老板认为她出国了，因为他们"相处得并不融洽"，他不得不接受这个说法。许多年过去了，她仍然没有任何消息，似乎就这样消失了。但是有些村民从来没有真正相信过他，他总是被怀疑笼罩着。许多人认为他杀死了自己的妻子，但并没有相关证据。当警方的搜查任务结束后，人们对案件的兴趣也逐渐消失了，生活还是一如既往。失踪的女店主逐渐淡出了人们的生活，酒吧老板和他的儿子依旧过着忙碌的生活。

妻子失踪 20 年后，酒吧老板也去世了，儿子想要一个新的开始。他和妻子决定重新装修酒吧，从而吸引更多的顾客前来消费。那个储存包装桶的废弃阁楼一直是他的心头之患，他认为这是对空间的浪费，想要更好地利用这些空间。进入阁楼的唯一通道就是木桶后的旧梯子。一个周末，在酒吧关门后，他决定上去看看。当他爬上梯子，刚看到楼上的地板时，就被眼前的一切惊呆了，吓得他差点从梯子上摔下去。他的母亲并没有抛弃他们。

当尸体被发现时，我正在格温特郡看望我的母亲和她的丈夫——她和我父亲离婚后嫁的这个男人，他们已经一起生活了很多年。我忍了两天没和她吵架，所以警察来时我很开心。她家离酒吧不远，几小时内我就能往返。

当时，酒吧老板的儿子发现自己的母亲变成了一具干尸，母亲躺在离梯子几英尺远的地方。当我爬上梯子时，一幅奇怪的画面映入了我的眼帘。那是一具露齿而笑的骷髅，身上裹着一块看上去像旧地毯的东西，它似乎正盯着我。法医病理学家跟我一起进入了这所被忽视的房子。常春藤在屋顶的洞里苗壮成长，里面杂乱地放着一堆堆木头，整个环境又脏又乱，就像那些恐怖电影里的夸张场面。

在我看来，她失踪的那天，她一定是认为自己的生命不值得继续下去了，于是爬上了阁楼躺了下来，然后吞下尽可能多的药片。她当时手一软，空药瓶就掉了下来，滚落到她身边。她身边还放着一个老式宽颈奶瓶，里面的液体很浑浊。奇怪的是，离她头部一米远的地方扔着一副假牙，上面积满了污垢。病理学家认为，她吃了很多药片和液体，而且死前吐得很厉害，假牙就从嘴里飞了出来。她并没有裹在地毯里——那是她的羊毛短外套，她的头可怜地枕在一个卷起来的麻袋上。显然，当时她并不关心自己是否舒适，就是一心求死，想从自己混乱的生活中解脱出来。人们都在好奇，她活着的时候到底受到了什么折磨。她就像一只受伤的动物一样，悄悄地离开，尽可能悄无声息地死去。

我们先仔细观察一下这里的环境。阁楼的屋顶上有个洞，微风不断地吹过，所以阁楼的空气非常干燥。这能使死者的身体很快变干，因此她的肚子没有肿胀起来，她的皮肤和头发也没有变湿、脱落，她也逐渐变成了一具干尸。现在，她成了一具干瘪、皮质坚硬的尸体。虽然我们在"尸体农场"得到了大量的信息，但尸体腐败过程的唯一特点就是不可预测性。女店主尸体的腐败过程与我在林地、沟渠甚至扶手椅上观察到的受害者尸体的腐败过程都不一样。

她的肠道菌群可能分解了她的内部组织，但即使在内部，我们也发现了她的器官残骸。她死后，苍蝇肯定来过，因为尸体周围有一些蛹，但它们都孵化成了苍蝇，早就不见了。而且，她的尸体很快就变干了，不再适合它们产卵。

第二天早上，我来到了卡迪夫医院的停尸间，为那具干尸做尸检。我每次检查都会得到死者生前和死后的不同信息，而且对我来说，在一具没有臭味的尸体上工作简直就是一种解脱。但阁楼的自杀故事有一个可怕的结尾。病理学家从干尸的胸腔里掏出了一串他认为是珠子的东西。我虽然很快就认出了它，但几乎不敢相信我所看到的东西。这是一只脱水的大老鼠的肠道，里面还有粪球。它们之间间隔规律，就像一串珠子，看起来非常滑稽。我往尸体胸腔深处摸了摸，还发现了一个漂亮的小老鼠头骨。

我们只能从理论上推断当时发生了什么。死者死于巴比妥酸盐，而这只老鼠可能吃了被巴比妥酸盐浸透的肉，中毒死在了里面。奇怪的是（真的非常奇怪），我们没有找到老鼠的其他骨头。剩下的骨头去哪里啦？是不是有其他的食腐动物，或者可能是只猫，在这里发现了老鼠，偷走了它的骨头，只留下了它的头？这就像个俄罗斯套娃一样，是个案中案。

腐败可以出于许多因素而被延迟，有自然原因也有人为原因。像砷和士的宁这样的毒物可以防腐，它们就像抗生素和其他药物一样，但死亡时的周围环境也可以保护软组织。如果条件合适，那么这样的天然木乃伊可以保存数千年。1991 年，两名德国游客在奥地利和意大利边境徒步旅行。当他们穿过奥茨塔尔阿尔卑斯山脉时，发现了一具保存完好的干尸，他们以为他是一名不久前去世的登山者。他的下半身冻在冰里，但是上半身仍然和他去世时一样。当登山队员们发出警报后，宪兵就赶到了现场，取出了尸体，并将尸体带到因斯布鲁克附近的一位法医那里。在此，法医鉴定出这具尸体至少有 4000 年的历史。

后来人们才知道，从新石器时代起，奥茨就一直躺在这个山坡上——他是石器时代的人。这里特有的低温和大风，不仅保存了他的组织，也保存了他的衣服和鞋子、弓箭、袋子里的食物以及他一直携带的作为火种的真菌。科学家对他的胃容物进行了分析，其结果显示出他所吃的最后一餐，而且最近被证明导致他死亡的那支箭，仍插在他的肩膀里。在内外环境都适于微生物生长和活动的情况下，尸体才会发生腐败。如果它们被抑制的话，那尸体就会变成干尸。人们在亚洲的大草原和南美洲的山区里发现了很多这样的干尸，那些地区的环境条件特别极端，微生物无法适应。

如果我们不能通过尸体的腐败过程来确定死者的死亡时间，就必须利用其他线索。在这方面，法医生态学家还有另外一种秘密武器。这种秘密武器很早之前就出现在了地球上，比海洋中的鱼、空中的昆虫及陆地上的动植物都出现得早，它遍布整个生物王国。它们无处不在，土壤里、动植物体内外，我们的村庄里、花园里及家里等，甚至在我们自己的身体里。它们往往能提供最重要的信息，它们就是真菌。

·第九章
真菌痕迹

 真菌提供的信息非常丰富。它们的生长方式、生长速度、生长规律——所有这些都可以被记录下来并加以解释，以帮助精明的观察者在特定的时间将某个人放在特定的地点，估计自受害者咽气以来已经过了多长时间，然后确定其死亡原因。

　　我在伦敦国王学院学习植物专业时,最喜欢和擅长的就是真菌学
(真菌研究)和细菌学。从传统意义上来讲,真菌包括霉病、霉菌、
酵母、地衣类、锈菌类、黑粉病和黏菌,当然还有蕈菌。大家一直以
为真菌是植物,直到最近,植物学家才开始研究它们。瑞典的植物
学家卡尔·冯·林耐于1753年出版了两卷《植物种志》,在书中,
他错误地将真菌归为植物。他对各种已知生物进行了分类,并对它
们进行了命名。他认为,真菌是植物——它们在植物分类中待了200
年。直到20世纪60年代,我们才有了概念上的飞跃:真菌现在被归
为真菌界,一些枯萎病和黏菌则被分别归为藻类和原生动物。

　　真菌大约是在15亿年前从生命的其他部分分化出来的,最近的
分子研究表明,真菌与动物的亲缘关系比植物更近。它们的进食方式
是相同的。和动物一样,它们只能靠已经制造的食物生存,这些食物
主要包括植物或有机体。它们最终以植物为食,并与那些体外消化食

173

物的动物相似。蜘蛛抓住苍蝇后将消化酶注入它的体内,然后苍蝇会被溶解成糊状。蜘蛛把液体吸出后,扔掉苍蝇的外壳。真菌也与之相似,一些在土壤中生活的真菌会产生套索,并利用套索来捕捉微小的线虫。然后它们在蠕虫体内生长,并释放酶来消化蠕虫的组织,将其分解成分子,最终吸收到自己的体内。当真菌孢子发芽时会形成菌丝,菌丝会不断分枝,形成一个辐射状的相互连接的细线团,它被称为菌丝体。真菌有个特点,它们可以进入并穿透它们的食物,然后生长在食物的表面。它们肯定不是植物,植物有神奇的叶绿素,能在有光的条件下将二氧化碳和水转化为糖。和所有动物一样,为了生长和繁殖,真菌需要以其他生物活的或死的组织为食。

真菌虽然很古老,但它们不易形成化石。即便如此,有些证据显示,早在 24 亿年前,真菌类生物就已存在。大约在 5.42 亿年前,植物还没有出现的时候,它们就已经从海洋定植到了陆地。大约在 4.44 亿年前的志留纪时期,它们的物种已经非常多样了,并占据了许多生态位。把它们放在大背景中来看,恐龙首次出现在地球上大约是在 10 亿年前,而在那之前真菌就已经存在了。

分类学家一致认为,除线虫和部分昆虫(如甲虫)外,我们已经知道了大多数的动植物。甲虫的物种数量在不断增加,但真菌的情况更令人吃惊。通过新的分子研究,人们发现,每种被描述的真菌可能都是由 5 种或 5 种以上的真菌组成的。最近,人们分析了一种曲霉属(该属包含危险的人类致病菌),发现它是由 47 种有机体组成的,而每种都有不同的潜力。真菌界的规模很大,真菌种类非常丰富，但到目前为止，我们只知道地球上 5% 的物种。

植物负责生长，真菌负责分解。真菌是植物降解的主要因素。事实上，它们是唯一能分解木质素（木质素是种复杂的聚合物，能够使木头变硬）的物质，也在所有死物的分解中起到一定的作用。尸体对真菌而言就是一场盛宴。如果没有它们，就不会有分解，所有生命的化学组成部分将永远留在动植物体内，包括人类的尸体。如果这种情况真的发生了，那么生命也不会诞生，生活将停滞不前。分解是所有生命存在的前提。生物在不断地被循环利用，包括你我在内。

直到现在，法医学家们依旧认为，在他们的调查中，真菌被使用的唯一途径是毒药或致幻剂。但实际上，真菌提供的信息非常丰富。它们的生长方式、生长速度、生长规律——所有这些都可以被记录下来并加以解释，以帮助精明的观察者在特定的时间将某个人放在特定的地点，估计自受害者咽气以来已经过了多长时间，然后确定其死亡原因。就像花粉一样，真菌会在它们生长的地方留下痕迹。

真菌虽然很小，但也大得令人难以置信。微小的孢子萌发后形成菌丝，这些菌丝聚集在一起不断扩散、相互连接、向外分枝，从而形成菌丝团。只有在遇到障碍物或食物耗尽时，它们才会停止生长。如果能一直生长，它们就可以清除食物，而菌丝可以绵延数英里，并存活很多年。据报道，北美有好几个巨大的蜜环菌，1998 年在俄勒冈的马卢尔国家森林发现的奥氏蜜环菌是最大的蜜环菌。根据它目前的生长速度，科学家们估计，它至少存活了 2400 年，最多 8650 年。这株蜜环菌覆盖了将近 4 平方英里（4 平方英里 ≈ 10.4 平方千米）的土地，以孢子发芽的地方为中心向外辐射，能够杀死树木并以其为食，所以它们从不缺乏食物。它们不仅能杀死树，还会在树干底部产生大量的蜂蜜色蘑菇。

蜜环菌是世界上巨大的真菌之一。但是，在通风不良的浴室瓷砖间生长的黑霉、枝孢菌也是真菌。长时间没吃的面包上出现的绿色和白色的斑点或者水果盘底部没吃的橙子上出现的各种绿色斑点，它们都是真菌。面包师制作面包时在面粉和水中添加的酵母，酿酒师用来制作啤酒的酵母，它们也都是真菌。没有真菌，就没有抗生素、汽水、生物肥皂粉、茶、咖啡、树、花以及橱柜里的大部分食物和现代生活中的许多必需品。我们吃的许多动物，如果它们的肠道里没有真菌，那它们就不会茁壮成长，而草也不会生长供它们食用。我们身边到处都是真菌，我们与真菌之间是互惠共生的关系，没有它们我们将无法生存。

哪里有可消化的食物，哪里就有真菌。从地壳顶部挖出一茶匙土壤，里面活着的孢子数就超过了10万个，还有少量的真菌，它们每个都能形成菌落。下次，当你望向窗外，认真思考周围的世界时，想想这一点：包括我们自己在内的大多数哺乳动物身上都覆盖着酵母，比如马拉色菌属。虽然其中有一种是造成头皮屑的常见原因，但它们通常不会造成其他伤害。当然，很多人都知道鹅口疮是由真菌（念珠菌）引起的，但它也只在罕见的情况（进入血液和内部器官）下才会致人死亡。大多数人一生中都会受到真菌感染的影响。如果你曾得过足癣，那么这可能是因为毛癣菌或絮状表皮癣菌在你的脚上生长过。这些都是土壤中常见的真菌，因此在土壤中工作或行走时，最明智的方法是保护好脚，因为这些真菌会让人感到脚部（通常在脚趾之间）疼痛，并且脚上会长鳞屑。当毛癣菌出现在身体其他部位，甚至头皮上时，会形成红色、有鳞的圆形皮肤斑块，并伴随着疼痛，这种斑块被称为"癣"。当然，这与蠕虫无关。真菌很难祛除，因为大多数杀死真菌的药物也会杀死我们。相比之下，细菌感染就很容易消除，因为细菌与我们在各方面都存在很大的不同。而真菌与我们的亲缘关系更近，我们与真菌对某些毒素的敏感性是相同的。

即使是活着的人体，在其防御系统和免疫系统都良好时，真菌也能在里面找到一个肥沃的栖息地，那么，当人死后，身体会怎么样呢？其实，对许多真菌来说，尸体就是营养的来源。此时，我的脑海里出现了一个特别的案例。在该案中，我通过在死者家的地毯和沙发上生长的真菌找到了凶手。

有人报案说他们的朋友失踪了，于是警察来到了位于邓迪的一幢阴冷、萧条的公寓，强行打开了前门。此时，他们看到一个男人躺在那里，四肢伸开，脸埋在地毯里，身上有多处刀伤——死因很明显。

想象一下那个场景，当血液和其他体液从刺伤的地方喷涌而出，飞溅到家具上，然后再从他身上流出并浸透地毯。房间的门窗紧闭着，中央供暖管道也已经爆裂了一段时间，因此公寓里热得让人难以承受。那些被血液溅到的地方，生长着灰色、白色、绿色和棕色的真菌，原本它们都在家具上休眠，现在却被突如其来的食物唤醒了。到目前为止，公寓一直处于关闭状态，这使尸体免受食腐动物和蝇类的侵害，否则这些蝇类可能会在尸体上产卵。真菌会随着食物的位置而扩散——但现在，由于血液和体液已经干涸，或者在扩散过程中已被真菌吃完，所以真菌停止了生长。菌落就像地图一样，标明了死者血液在地毯上流经的位置和边界。

2009 年，我和丈夫戴维搭乘夜间航班前往邓迪，抵达死者公寓时，就看到了那样一番场景。其中一名警察知道可以通过真菌来估计案发时间，这个聪明的家伙就建议高级调查官员邀请我们来协助办案。

我们经常要解决一些奇怪的问题，侦破这个案件的关键在于确定真菌在血液中的生长范围。首先要选定一个具有代表性的样品区，拍照并画出其中的菌落图，然后剪下沙发垫子和地毯上的代表性样品，将其放进无菌塑料容器里。我们已经通过电话要求他们对公寓的湿度和温度进行监控，并且也已经获得了公寓的详细记录。经确认，当时的平均温度约为 26 ℃，相对湿度约为 34%。温度适于真菌生长，但湿度太低——大多数真菌需要大约 95% 的相对湿度才能生长。这你在自己家里就能发现，比如如果屋顶漏水了，壁纸很快就会因真菌的生长而变黑或变绿。哪里有霉菌生长，哪里就是潮湿的。这就意味着在这间公寓里，除非死者的血溅到地毯上，否则蛰伏在地毯和家具上的孢子就没有足够的水分来发芽。死者的血液溅到哪里，哪里就有充足的食物和水分。

我们问警察是否可以在他们的法医实验室中使用设备，虽然他们没有专门的微生物实验室，但他们有一个超净工作台，它可以防止孢子在空气中受到污染。

和往常一样，我们随身携带着所有的小型设备，我还在橱柜里搭建了一个临时的接种设施。我需要的就是一个用来消毒的本生灯和含有基础培养基的培养皿，然后小心翼翼地将许多菌落接种到培养皿上。

长期以来，戴维一直担任着英国皇家植物园国际真菌学研究所的所长。对他而言，这些技术上的苦差事——取样、二次取样、培养等，常常都是由技术人员来完成的。然而对我来说，我从未有过这种奢侈享受——助手替我工作，所以一直保留着微生物学家的实践技能。在对各种面料上生长的真菌进行拍照和绘图后，我选定了采样的代表性区域，并测量了所有界线清晰的菌落，这些我都在图纸上标示出来了。然后我剪下织物样品，将每个菌落培养到琼脂板上，并将样品放入无菌容器中。然后，我们带着发霉的地毯、垫子和珍贵的培养物飞回南方，开始研究该公寓的真菌生长情况。

我们的第一步是在与公寓温度相同的条件下培养发霉织物。4天后，真菌菌落看起来和我们最初从垫子和地毯上剪下来的一模一样。很明显，它们的生长可能被什么条件影响了，可能是湿度。

为了测试这点，我们用牛血浸湿了所有的织物，并连夜培养了它们。第二天早上，真菌爆炸式地生长了。每个真菌菌落都在蔓延，相互争夺空间，尽可能地插空生长，一点儿间隙也没有。现在我们有了一个可行的理论：温暖的公寓促使液体干涸，一旦变干，真菌就不能再扩散了。如果我们知道各种真菌的生长速度，再通过测量地毯上菌落的大小，就可以确定尸体在地毯上停留的最短时间。

这意味着要将案发现场的每种纯培养物接种到新的培养基上进行传代培养，然后真菌将从接种点向外生长形成一个圈。这样，我们就能观察、测量并记录这3种分离物的扩散情况，戴维鉴定了它们的种属，分别是密丛毛霉、短密青霉和橘青霉。培养箱的温度设定为26℃，2天后，密丛毛霉（真菌中的"杂草"）如我们所预料的那样，覆盖了整个培养皿。而两种青霉菌花了5天时间才达到犯罪现场的尺寸。这意味着，至少在尸体被发现的5天前，血已经溅到了垫子上，渗到了地毯里。真正让我们吃惊的是，凶手（受害者的"朋友"）后来承认，他在警方接到报警的5天前就杀死了受害者。如果窗户是开着的，苍蝇将会飞进来，那么警察会要求昆虫学家估算死者的死亡时间。我们再次证明，当其他方法没用时，我们就会发挥作用。

真菌还可以提供初级痕量证据，甚至能为植物学证据或孢粉学证据提供确证支持。它们很有用，因为它们可以在任何有一点食物的地方生长——玻璃上、纸上、木头上、皮革上甚至塑料上。真菌有很多不同的生活方式。它们可能只以死去的有机物为食，或者侵入并寄生在宿主身上甚至杀死宿主以其尸体为食。

有些真菌与植物之间也能产生互利互惠的关系。植物为真菌提供糖分，真菌则为植物提供磷酸盐、水和其他营养物质。随着真菌菌丝在土壤中不断扩散，植物的根系得以有效扩展。更奇妙的是，我发现一个真菌可以同时与几个植物形成共生关系，食物在整个系统间传递。这意味着植物之间也是相互联系的，一株缺乏营养的植物能以真菌为枢纽从另一株植物那里获得养分。因此，如果在一片林地中，边缘的树木长势良好，而内部的树木长势很差，那么外部的树木可以把营养物质传递给内部的树木。当每种植物都与许多这种类似的共生真菌联系在一起时，我们就可以认为植物是相互联系在一起的，而不是单个的个体。现在的生态学家们越来越多地谈到"木维网"。大自然真是太复杂、太奇妙了！

然而，并不是所有的真菌都是有益的，它们中还有很多致命杀手。这类真菌不与宿主和谐相处，而是入侵、杀死和食用宿主，然后继续这个循环，要么让其孢子飞向空中，落在茎叶上；要么穿透土壤来攻击植物根部。动物也会因真菌感染受益或受损。动物肠道内的细菌会主动消化那些难消化的食物，并将其分解成简单的分子供宿主利用。牛、绵羊和山羊等动物会反刍食物，使得肠道内的大量微生物更容易消化草、干草和叶子。没有这些微生物，它们就会饿死。野生兔子甚至要吃自己的粪便，因为它们肠道中微生物消化的地方是在吸收发生的地方之后。这是多么奇怪的自然现象啊。

真菌和植物（有时是真菌、植物和各种细菌）的另一个惊人的强大共生体是地衣。地衣是一种有鳞屑的、多叶的、生长茂盛的生物，总是呈现出不同色度的灰色、绿色和黑色，常见于岩石、建筑物、墙壁、树干、树叶甚至地面上。有些地衣看起来就像被践踏过的口香糖，在"口香糖"生长的地方，其路面看起来就像是真的被污染了。地衣的共生关系非常古老，可以追溯到数亿年前。它们之间存在微妙的平衡关系，能够承受地球上极端的物理化学条件。它们能够生活在南极洲和干旱的沙漠中，而在炎热潮湿的丛林和温带森林中，其更具多样性。

石黄衣属地衣曾在国际空间站的船体上附着了18个月，而后在宇宙和强紫外线的辐射以及真空环境中幸存下来。太空火箭坠落到地面时，引起了熊熊烈火，最后，石黄衣属地衣依然幸存，最终变成标本，被保存了下来。

地衣不仅古老而且生命力顽强，每个地衣都不是一个单独的有机体，和我们一样，它们是由真菌、一种或多种藻类和细菌的微观群落构成的。和其他真菌一样，它们也可以用来估算时间，甚至估算冰川增长和消退的地质学家也用它们来估计冰川随时间的变化而产生的变化。几年前，我和戴维在曼彻斯特参加了一个生物退化会议，其间接到了一个紧急电话。在190英里（190英里 ≈ 304 千米）外的一段僻静的公路上，一名卡车司机在路边方便时发现了一个可疑的袋子，他认为里面可能是被肢解的身体部位。很快，杀人碎尸案的新闻报道铺天盖地席卷而来，警方要求公众不要放过任何可疑现象。

警察给我们讲述了案件的概要。一对男女忌妒朋友的经济条件，决定杀了他，然后接管死者的房子和汽车，他们天真地以为自己可以逃脱法律的制裁。凶手熟练地杀死了这名受害者并对其分尸，然后将肢解后的尸体部位扔在很广的范围内。警方在莱斯特郡发现了死者的头骨，在赫特福德郡的一条小溪里发现了他的躯干，在路边、林地内和田野中发现了他的胳膊和腿。我研究了这几个被肢解的身体部位，包括头骨，但其中一条腿给人留下了深刻的印象。

戴维和我匆匆离开会场，驱车以最高限制车速行驶，穿过了中部地区，经过了伯明翰所有交通拥堵的地方，最终到达了发现腿的地方。我们到达时，警方早已拉起了警戒线，犯罪现场的调查人员已经把这条腿移到了停尸间。我们仅仅错过了20分钟，直到今天我都不明白他们为什么要这样做，这种行为让我感到相当厌烦。天色渐渐暗了下来，我们几乎什么也做不了，于是去当地的一家旅店休息并吃饭。第二天早晨，阳光明媚，天气晴朗，我们来到了那条腿被放置的地方。首先，我做了植被调查，推测凶手可能走过的路，采集了土壤样品，打算与被捕的一个或多个嫌疑人的鞋子和衣服上的样品进行比对。据卡车司机讲，当他发现这条腿时，它被裹在蓝色的塑料袋里。他说觉得情况可疑，就立刻打电话报警了，根本没有碰任何东西——但是，当我观察地面时就发现他撒谎了，他把包裹从原来的位置上挪开了大约1米。我怎么知道的呢？嗯，对我来讲，这条腿原来的位置是一目了然的，因为啮齿动物咬了蓝色塑料袋，蚯蚓也已经留下了粪便。

显然，有几株草本植物已经被压弯了，但它们仍然是绿色的，并且已经开始恢复生长。咬碎的塑料碎片和草本植物距假定的包裹位置大约有1米远，犯罪现场调查人员在发现腿的地方仔细地做了记号。我已经知道卡车司机稍稍歪曲了事实，他曾经好奇地移动过包裹。我怀疑，腿在那里已经好几天了，因为那里的植物长势不佳，而且与我在其他案件中看到的情况相比，此地掩埋的塑料碎片很少。随着警方的进一步调查，案件越来越可怕。这并不是出现在这个偏远地区的唯一尸体部位，戴维和我已经在莱斯特郡检查了头部，在赫特福德郡的不同地方检查了一条手臂和另一条腿。警察已经找到了嫌疑人，经审问得知，谋杀案发生在最后一条腿被发现的两周前。因此，警方假设，大约在两周前，凶手丢弃了所有被肢解的身体部位。

我正跪在地上，仔细地观察那些被袋子压弯的植物，这时戴维杵了杵我的后背，指着袋子原来所在位置上的一棵植物茎上的一根小树枝。顺着他手指的方向，我发现树枝上有大片的石黄衣。这种地衣在阳光充足的环境下生长时，呈亮黄色，具有橙色的产孢体——但在阴影下生长时则呈灰色和橙色，比如在树枝底部。它们在英格兰南部非常普遍，尤其是在公路附近，这是出于过往车辆氮污染的缘故，但这并不是我们感兴趣的地方。树枝上的群落确实是黄色的，通过戴维的野外观察经验我得知，如果它们被覆盖上，就会变成绿色，但他不知道这究竟需要多长时间。当时我们只是觉得这条线索可能是重要的，但并不知道它会变得那么有用。我们把这个树枝从地上拿了起来，并同时采集了它周围的树枝，警察把这些都记录了下来。

我们在把小树枝带回家中的花园之前什么也做不了。我们住在萨里郡一棵最大的橡树旁边，每到年底，这里总有很多落叶，着实令人头痛，但现在这些落叶有了用武之地。在我们的小花园里，我们让花园荒芜着，这样狐狸和獾就会在这里晒太阳，或者像我们多次看到的那样打滚、玩耍。花园对于建立简单的实验来测试想法是很有用的。我们打算在这里进行实验。戴维知道在阳光充足的时候，地衣是黄色的，但当它被一根翻过的树枝覆盖时，就会变成绿色，最终会死亡。确定这种特殊的地衣在没有阳光的情况下变绿的速度，可以帮助我们计算出那条被肢解的腿在森林里待了多长时间。

为了杜绝任何意外的干扰，我们用铁丝网搭起一个小笼子，还在地上放了一层厚厚的枯橡树叶，模拟那条被丢弃的腿所接触的林地地面。然后我们拿了 3 根树枝，每根上面都有地衣样品，并把它们放在叶子上。第一根树枝完全暴露在阳光下，然后我们将装满沙子的蓝色塑料袋压在第二根和第三根树枝上，模拟那条腿的重量。

现在我们只能等待。2 天后，我们移开第二根小树枝上的沙袋，把它放在第三根小树枝上，这样整整过了 5 天。结果很有趣，一直暴露在阳光下的第一根树枝上的地衣还是黄色的——事实上，比之前更黄一些。因为它得到了比在犯罪现场更充裕的光线，所以做出了相应的反应。第二根树枝上的地衣是黄中带绿，而第三根树枝上的地衣，在 5 天没有光照的情况下，完全变成了绿色。案子的结果很明显。这种特殊的地衣被覆盖 5 天后才能完全变成绿色，而其沉积部位主要还是黄色的，这就意味着这条腿最多在那里放了 5 天。

当戴维和我将发现告诉警察时，他们几乎不敢相信，当时他们确信那条腿已经在那里放了两个星期了。这个时间可能会颠覆人们对这个案件的普遍看法，但就像自然界的许多事物一样，地衣没有撒谎。调查并不像警方想象得那么干净利落。

我们继续协助警察调查案件，现在这个案件被戏称为"人体拼图"。最终，警方找到了躯干。凶手将它裹在一条蓝毛巾里，再将其放在廉价的手提箱中，然后将手提箱抛到了小溪里，这条小溪距我们发现四肢的地方有几英里（1 英里 ≈ 1.6 千米）远。我们一直在冰冷的河水中跋涉，后来发现了躯干，但停尸间才是最好的尸检场所。这是戴维在法医鉴定中发现的第 3 具尸体，也是他第一次来停尸间。现在回想起那天的情况，我有些后悔，因为我对他太不关心了。戴维和我有很多相似之处，因此我以为他不会受到停尸间气氛和活动的影响。在为法医昆虫学家做准备时，当我问他是想测量躯干上的真菌菌落，还是想用热水烫死蛆，我看到了他那毫无血色的脸，而且他还有轻微的口吃。他选择了蛆虫。我记得他非常安静地待在不锈钢长凳的角落，旁边是他的水壶和瓶子。后来，他向我承认，他讨厌杀死那些蠕动的小东西，尤其是那只漂亮的甲虫。那只甲虫不幸加入到了手提箱里的食腐大军中。

故事以在路边被发现的那条腿为开头，但结尾却揭露了一个非常卑鄙的故事，即使最具想象力的犯罪小说家也很难写出来。受害者与凶手是朋友，他邀请凶手到家中居住，但后来凶手越来越眼馋受害者的钱，然后与受害者的女朋友——一名非常年轻的妓女（两个女孩儿的母亲）共谋杀死了受害者。他们趁受害者睡觉的时候，在他背上捅了一刀。凶手以前是个屠夫，并以在伦敦郊外为犯罪团伙肢解尸体而闻名。他现在开始重操旧业，肢解了受害者的尸体，并把他的肢体分散到各处。也许，他们觉得自己可以逍遥法外，然而，正如我一次次看到的那样，大自然的痕量证据可以帮助我们找到正确的方向，从而让正义得到伸张。

·第十章
孢粉证据

即便如此，在经过仔细分析后，我发现它们的花粉和孢子图谱与我在埋尸地、鞋和车上收集到的均不相同。我在这些地方也没有发现多花黄精和大量的真菌孢子。因此，我确信，埋尸地的花粉图谱与从嫌疑人处获得的花粉图谱相似性最高，而与其他地点的花粉图谱只有微弱的相似性。

我们的身体维持着不断变化的动态平衡，这是因为它一直通过我们体内的生物过程在不断分解和重建。当我们呼吸空气和摄取食物时，就会把外部世界带入"身体内部"。简单地说，我们吸收营养物质，将不需要的代谢物以汗水、尿液和粪便的形式排出体外。大多数人没有意识到，我们的食物和水中存在微量的放射性物质，这些物质将会重建我们的软组织、骨骼、头发和指甲。世界上每个地方都有自己的放射性特征，并以放射性同位素的形式表现出来，通过这些特征，我们能够追踪你自出生以来的运动轨迹。根据一颗牙齿，我们可以确定你的出生地；根据一根股骨，我们可以确定你最近 10 年的旅程，因为骨头每 10 年就会换一次；根据你的头发和指甲，我们可以确定你最近去过世界的哪个地方。经过大约 1 个月的时间，手指甲可以生长原来长度的 1/6，脚指甲可以生长原来长度的 1/12，贴近头皮的头发大约可以生长 1.3 厘米。这意味着我们每个月的行踪都可以被查出来。

通过空气中的氧气，我们可以从食物中吸收所需的能量。当我们呼吸时，我们的身体也可以保留我们呼吸时所处地理位置的痕迹。和放射性同位素一样，空气中充满了颗粒和碎屑，如果你对此有任何疑问，那么请想一下那些在干燥的夏日里眼睛流泪、鼻子流涕的人。任何患有花粉热的人都可以证明，我们的空气中充满了花粉粒、植物和真菌孢子以及其他未知的变应原。

当一束阳光从窗外照进来时，我们会看到里面的粉尘在不停地飘浮和旋转。大多数人都没有意识到自己吸入了"气传孢子群"*。毕竟，鼻黏膜的主要作用之一就是困住异物，防止它们穿透鼻窦和肺部。但敏感的或容易出现过敏反应的人肯定会受到这些刺激物的影响。它们会在鼻腔膜上待很长时间，尤其是待在那些覆盖着鼻甲骨的膜上。鼻甲骨是分隔鼻腔的沟状气道，引导吸入的空气稳定地流入肺部。

我们不知道这些粒子能完整地保持多久，也无法通过实验来找出答案。事实上，我很少有机会观察鼻甲骨上的花粉数量，毕竟需要检查的尸体是有限的。然而，我还是要特别感谢一些我所经手的案例。现在，在尸体解剖检查中，对尸体内外孢囊形态的筛选已经逐渐被病理学家所接受。通过我们身体偶然捕获的东西，犯罪事实得以揭露，最终正义得到伸张。

---

* 气传孢子群：所有飘浮在空气中的微小颗粒。它们通常是花粉粒、孢子、有机物碎片和灰尘。

回到 25 年前，德国萨克森 - 安哈尔特州易北河畔的马格德堡市在历史上经历的大起大落比同面积的其他大多数地区都要多。1994 年，当工人们在马格德堡市中心为一栋建筑物挖掘地基时，揭露了它一段可怕的过去。他们发现了一个集体墓葬，里面有 32 具身份不明的骸骨，大家都被震惊了。根据目击者的报告和死者不佳的牙列状态，他们被认为是苏联士兵，但马格德堡社区就谁应该对死者负责的问题产生了分歧。一个观点认为，这是盖世太保在 1945 年春天进行的大规模屠杀，但还有一个观点认为，战后总部设在马格德堡的苏联情报机构斯梅尔什（SMERSH）的特工在 1953 年镇压叛乱时谋杀了他们。如果盖世太保做了这件事，那么屠杀一定发生在春天；如果这件事是由斯梅尔什镇压起义所引起的，则应该发生在夏天。马格德堡大学的莱因哈德·西博尔认为，如果能确定事发季节，就能解决本案的分歧。

鼻甲骨位于鼻腔的高处，由一种非常薄的骨骼构成，其形状类似于珊瑚礁，上面覆盖着一层薄薄的黏膜。因为膜具有黏性，这意味着任何粒子都会被黏在上面，只有擤鼻涕的时候才能将黏液移除。莱因哈德决定测验自己能否区分困在受害者鼻甲骨中的春季和夏季的花粉，为此他花费了一年的时间去实验，结果似乎证明了他理论的正确性。具体的实验是这样的，他让他的一个研究生在一年中每隔一段时间就定期用手帕擦鼻涕，然后去识别手帕上的花粉。最后，他确信这种方法能够区分春天和夏天的花粉。实验表明，赤杨、榛子、柳树和杜松代表了春天，而黑麦、车前草和酸橙则代表了夏天。

根据实验结果，他认为受害者死于夏天。因此，他们是由斯梅尔什的特工杀死的，而非盖世太保。

考古学家曾用花粉来确定考古年代——莱因哈德是第一个尝试从头骨的鼻甲骨中提取花粉的人。他确信自己已经成功地用这种方法证明了春季和夏季的花粉的不同，这给我留下了深刻的印象。英国广播公司给我看了一段他的实验视频，并邀请我在热门节目《明日世界》上赞美这种方法，但当我在节目开始前的绿房间里观看他的视频时，感到非常不安。看完视频之后，我对莱因哈德声称的完美结果产生了怀疑。莱因哈德不是植物学家，他似乎忽视了污染和花粉残余现象。如果马格德堡市的土壤能将一个季节的花粉保存40多年，那么它肯定也会保存其他季节的花粉。我在土壤孢粉学领域工作了很长时间，因此知道，在一些土壤中，花粉的确能被很好地保存下来，但土壤中也可能包含了这一年或前几年的花粉。而且，土壤动物，尤其是蚯蚓和许多小的节肢动物，它们身上沾满了大量的花粉，会把不同季节的花粉混在一起。因此，我怀疑莱因哈德实验的准确性，他是如何在那些埋了40年的鼻甲骨里发现了一个季节的花粉的，而且，这些花粉很可能已经被严重污染了。因此，虽然他觉得实验很简单，但他的实验结果具有偶然性。

不过，尽管我保留了意见，还是觉得他的主意很棒。在我看来，消除鼻甲骨部位的所有污染是完全必要的，同时，作为对照的土壤样品应该被完全均质化，这样我们才能获得真实的花粉负荷的图谱。从那以后，只要有机会，我就把尸体的鼻甲骨取出来，看看其能否提供有用的证据。在随后的几次调查中，这个方法得到了证实。2000年，在我进入法医领域的第六年，它帮我解开了一名年轻男子在汉普郡林地被勒死的谜团。

2000年12月，在刚过完圣诞节的第二天早晨，天气极其寒冷，有个遛狗者在朴次茅斯西北约12英里（12英里≈19.2千米）的一片林地里散步，一边消化着刚吃完的肉馅饼，一边享受着冬日凛冽的空气。如今，这里是一片商业林地，不过还有部分古老的贝尔皇家森林遗迹，林地里环境优美，道路纵横交错，这里已经成为汉普郡人特别喜欢去的林地之一。突然他的小狗挣开了链子，跑进了密林深处，任凭他怎么呼唤都没有丝毫回应，这对他来说很不寻常。在小路边缘稍远一点的地方，茂密的灌木丛被一片倾斜的草皮所取代，这块草皮很显然被兔子和鹿啃食过了。这块林地常年湿润，到处都是成簇的灯芯草和莎草。很明显，这是个进入林地的好地方，你不用穿过茂密的野蔷薇和枯死的蕨类植物。

他开始屏住呼吸侧耳倾听。忽然，小狗的悲鸣声从左侧传来。他发现它站在一棵巨大的山毛榉树下，刨着从土里露出来的圆东西。他快速上前把狗拉开，并用手杖戳了戳那个露出来的东西，但当他看清那是只人耳朵时，吓得往后一退。里面其实埋了具脸朝下的尸体。

埋尸地上放着一根大木头。这点很奇怪，但凶手经常会在坟墓上做记号，可能是为了方便寻找。据悉，很多凶手都会重访受害者的埋尸地，可能是为了检查尸体是否被藏好吧。不过，谁知道他们的真实想法是什么呢。

很快警方就赶到了现场，并在尸体周围设置了警戒线，然后派了一些警察站岗。死者的家在朴次茅斯，当警方叫法医考古学家取回他的尸体时，他已经失踪了6个多星期。死者24岁，一直到圣诞节都没有回家，他的家人不知道他去了哪里，因此报案了。不过，最后还是没人知道他的下落。死者曾于11月11日驾驶着他的白色福特雅驰特货车出现在朴次茅斯的希尔西利多，在那之后就没人再见过他了。巧合的是，那天晚上，在当地的一个工业区里发现了那辆货车，它被烧毁了。

由于受害者死于冬季，低温在很大程度上抑制了尸体的腐败速度，所以，我们无法准确判断他的死亡时间。病理学家很快就查明了他的死因，他的身体侧面有一道很深的刀伤，但他是窒息而死的。凶手在他的脖子上系了根绳子，脖子后面还有根棍子，凶手不停地转动棍子直到他断气，这简直就是一场残忍的杀戮。后来大家才知道，他之所以被杀，是因为他曾奚落过他的一名"伙伴"，很明显，这个人的脾气非常暴躁，且很有支配力，能指使别人与其合力作案。警方通过调查得知，受害者并不是个守法公民。他表面是个木匠，居住在高档住宅区附近，暗地里却在高档住宅区里实施了多次盗窃。警方通过彻底的调查，最终确认了两名嫌疑人，其中一人曾在死者失踪的那晚出现在死者的货车里。按照惯例，两名嫌疑人的鞋和其中一人的车会被作为证据扣押，用于法庭取证。

这就是我参与这起案件调查的原因。

自古以来，林地都是埋尸的好地方，在英国，有些林地甚至可能被视为墓葬场。我曾在伦敦警察厅参与过这样一起案件：搜索一名黑帮老大多年前在树林里埋葬的 24 名受害者。本案中，死者被埋葬在一块阳光明媚的林间空地，那里丝毫没有墓地的阴森感。它周围长着几棵大的山毛榉，还有冬青、榛子和野樱桃。其边缘是成排的野蔷薇，忍冬的老藤扭曲地盘绕在灌木和树木上。地面上大部分都是常春藤，为了吸收阳光，它们已经开始沿着树干向上攀爬。由于当时是冬季，所以整个地面都光秃秃的，只剩下厚厚的山毛榉树叶、山毛榉坚果和橡子。林间空地上有许多树，但我们依稀能从树枝的缝隙中辨认出一条小路。

高级调查员想知道受害者是不是在树林里被杀害的，或者实际上存在两个犯罪现场。死者是被杀死后送到林地的，还是活着来到这片林地，然后在我们站的这块地方被杀害的？我们还必须确认嫌疑人的鞋子是否与案发现场有关。幸运的是，警方很快就确认了两名嫌疑人，并将他们的鞋子、主要嫌疑人车上的地垫和脚踏板交给了我。的确，警方只能索取"鞋子"，而不能指认一个人，因为罪犯有共用鞋子的习惯，正因为如此，我需要尽可能多地排除其他地方，而我做出判断的来源就是从嫌疑人的所有物中获得的花粉图谱。本案的一个有利点在于，死者和凶手都是"都市"男孩儿，不可能去树林里散步消遣。当然，辩护律师可能会说他们去散步了，因此我必须准备好应对策略。

整个林地，包括 1/3 英里（1/3 英里 ≈ 500 米）外的公共停车场，都已经关闭了。我和约翰·福特一起从车里走到墓地。约翰是名坚强的警官，负责案件的日常运作。我惊喜地发现，他不仅对我的工作很感兴趣，而且还想了解植物。他操着浓厚的汉普郡口音，这让他看起来很普通，但很快我就发现他非常坚强。他决定搜集一切可提供的证据。我喜欢他。他坦诚直率，所以我知道我能够与他共事。

为了方便公众进园观赏，工人们修建了一条观光道路，当我沿着这条路行走时，惊叹于它周围的丰富景观。林地很广阔，各块林地之间错落有致，每块林地的特点和物种都不相同，各有千秋。那片林地里种着针叶树和茂密的桦树，里面也有巨大的老山毛榉和橡树，树下还有榛子、冬青和许多光秃秃的枝干，它们交错在一起，在冬日的阳光下很难一眼看出那是什么植物。那边有许多古老的欧洲栗，它们曾是南欧的基本食物，是由罗马人带入英国的。还有本地4种针叶树中的一种——深色的、正在发芽的红豆杉。错落有致的林地拼接在一起，到了春天，那些草本植物就会开花，其颜色将如万花筒般五彩缤纷。不过，现在只能想一想了，因为它们已经进入冬季的休眠期，几乎全部藏在地下了。

我边走边想每个地区可能存在的植物种类。我学到了一件事（新手们可能不理解），那就是一个人永远无法确定他将会发现什么。我可以做出大致的预测：停车场附近会有大量的松树和桦树花粉，但几乎不会出现欧洲栗的花粉，因为它产生的花粉相对较少，而且虽然山毛榉树很多，但发现的橡树花粉要多于山毛榉树的。不过，想要确定具体的数量和组成，还需要进行进一步的分析，任何建模练习都经不起法庭的审查。我们所面临的每种情况都是独一无二的，必须严阵以待。

基于我在考古学和古代景观重建方面的实践和经验，我一直对一件事感到惊奇，那就是，我从表层土壤中采取的每份样品总是会与下一份样品有所不同，样品距离越远，差异越大。事实上，任何地方的花粉沉降都是零散的，我们只能大概预测。我们可以通过光谱看到它的图案，随着植被的变化，不同的光谱会融合。之前我曾多次提到过，在比对研究对象和案发地点时，收集足够多的对照样品来构建位置图是非常必要的。如果一些罕见的痕量证据能够让这个地方与众不同，那就会有很大的帮助。想在法庭上拥有出色的表现就不能怀有侥幸心理——事实就是这样。如果辩方律师经验丰富，那么在缺乏确凿证据的情况下，我所构建的预测很快就会被推翻。所以，我必须严格要求自己，只有这样，我才不会被警方定罪的天真热情所感染。我发现，人必须不断地与认知偏见做斗争。

孢粉学分析并不能提供绝对证据。每件事都必须从可能性的角度来考虑，每当我向警方提出建议或报告时，都会谨慎地添加注意事项。当我找到解释嫌疑人身上出现相同花粉图谱的其他可能原因时，我和我的警察同伴基本上会在汉普郡和西萨赛克斯郡欢呼雀跃。

车无法进入埋尸地，所以受害者不得不自己走进林地或是死后被抬进林地。这意味着我只需要找出那条从主路到埋尸地最方便的小路，然后在凶手可能接触过的地方采样。当然，最主要的地方还是墓地，他们肯定会接触它。我拿到了主要嫌疑人的鞋、车的地垫和脚踏板，并对其进行了分析。我敢说，它们肯定都曾与犯罪现场进行过密切接触，上面很可能有一些特殊印记。我看到的所有乔木和灌木的长势都很好，到了春天，这个地方一定很美。从花粉和孢子可以看出，这里有许多风信子、五叶银莲花、多年生山靛、蕨类植物和其他具有这个地方特色的草本植物，但值得注意的是，这里还有我从未见过的多花黄精。我在显微镜下还发现了一些奇怪的真菌孢子，它们看起来就像马恩岛旗子上的腿，只是"膝盖"没有弯曲。这些孢子是一种只能感染山毛榉坚果的真菌。不仅如此，我还在这片密林中发现了一些干草。如果我没有在约克郡地窖的经历或埋尸地附近没有马道，这可能会成为一个难题。但现在我确信，这些干草草地图谱来自马粪。这给犯罪现场带来了高度的特异性——林地深处有干草草地。

虽然进出埋尸地的小路很重要，但嫌疑人经常出入的其他地方也很重要。因此，我和我的警察同伴约翰花费了很长时间去探访嫌疑人的家和所有他们喜欢去的地方。这些经历被证明是艰辛的，但也不乏幽默，尤其是我们探访朴次茅斯各地的经历。我们需要检查一下这座城市中那些不太受欢迎的地区的一些普通连排房屋的孢粉学状况，它们之间的对比是惊人的。我清楚地记得第一个地点，它深深地印在我的脑海里。我们先穿过了阴暗狭窄的大厅，避开了挂在前门上的一堆乱七八糟的外套，进入了一间寒冷的、家徒四壁的起居室。一个漂亮干净的婴儿在破旧的地毯上爬行，这儿完全没有粗野的迹象。接着我们穿过碗碟洗涤处，来到一个完全被忽视的后院，而它被忽视的理由是这里准备建一座花园。院子里扔着旧水桶、破玩具和旧靴子，铺路石上长着杂草，大约有 30 厘米高，其中有酸模和荨麻。一排挂在废旧钉子上的衣服，从房边一直延伸到破旧的棚子里，整幢房子充满了凄凉、沧桑感。

另一幢房子就完全不同了，虽然它也是一幢两上两下的房屋，但相似之处仅此而已。这幢房子安装了新的双层玻璃窗，且一直延伸到花园。一个女人打开了门，一股浓郁的木香扑面而来，可以断定，她家的经济条件很好。开门的女人化着精致的妆容，染着黄色的头发，手里夹着烟。她上身穿了件黑毛衣，下身穿了条黑皮裤，脖子和腰间挂着几条明晃晃的金链子。粉红色的脚指甲从亮晶晶的拖鞋里露出来，长长的指甲被修剪成时髦的方形，顶端涂成了白色。她的手上戴了好几枚戒指，其中包括一枚大钻石戒指。这里的装饰让人眼前一亮，房间里有华丽的红地毯、黑色的皮沙发和带皮靠垫的椅子，天花板上还挂着一个精致的水晶灯。电视的屏幕和电影院的一样大，角落里的小吧台上摆满了酒瓶和玻璃杯。现代化厨房向外通向一个用混凝土装修的干净的空间，里面还有一两盆去年夏天的死花。这两幢房子里都没有出现那些与尸体上有相似孢粉的植物。我没料到会这样，所以根本不需要在这些地方采样。

辩护律师必然会说，他们的当事人经常在汉普郡和萨塞克斯郡的林地里散步，关于这一点，我不得不考虑应对措施。当你根据自己的经验且从实用主义的角度出发时，会在林地中发现多少存在其中的特定的树木、灌木、攀缘植物、草本植物、特殊的真菌孢子以及多花黄精和干草草地呢？其比例是多少？这么多年来，我在英国各地搜集了大量的地表样品，但还从未发现过与此相似的地点，直觉告诉我，那样的地方根本不存在。但我必须把所有的疑点都消除掉。

我并不熟悉那片地区的林地，但可以向我的良师益友——弗朗西斯·罗斯博士求助。他是伦敦国王学院的终身导师，也是大英帝国勋章获得者，因为他知识非常渊博，所以为大多数英国植物学家所尊敬。我和约翰一起去找他。此时我已经分析了鞋子和车辆的花粉图谱，它们与对照样品极为相似。我说："弗朗西斯，你知道在这片区域里，有哪片林地可以产生这些花粉图谱？"我给了他我所制作的物种列表和各物种所占的比例表。他坐在客厅的椅子上，客厅里到处都是书，桌子上摆满了植物标本以及铅笔、透镜、笔记本。他咬着烟斗的一端，抓了抓胡子，像往常一样满脸笑容，眼镜玻璃上反射出慈祥的目光，然后走到了书架前，书架上放着许多破旧的地图。他眯着眼看着英国地形测量局的地图，在此期间喝了几杯茶。大约一小时后，地图上画满了圆圈和潦草的字迹，他挑出了14块可能有相似之处的林地。面对如此艰巨的任务，我感觉心头猛地一沉，而被弗朗西斯吓呆了的约翰只是简单地说道："好吧，就这样吧。我们明天开始，帕特。"于是我们做了很多工作。

我们参观了14块林地，但仅仅通过肉眼观察其中的植被，我就能排除大部分林地，所以任务并没有最初想象的那么艰巨。虽然它们都有橡树、山毛榉、松树和其他许多植物，但只有3块林地的植物群落与埋尸地相似。即便如此，在经过仔细分析后，我发现它们的花粉和孢子图谱与我在埋尸地、鞋和车上收集到的均不相同。我在这些地方也没有发现多花黄精和大量的真菌孢子。因此，我确信，埋尸地的花粉图谱与从嫌疑人处获得的花粉图谱相似性最高，而与其他地点的花粉图谱只有微弱的相似性。但还有个重要的问题没有得到解答，那就是受害者到达埋尸地时是否已经死亡。我需要检查他的尸体，看看是否会有什么发现。

死者的头发已经被土壤污染了，因此没有检查的意义，但其鼻甲骨可能会给我们带来一些惊喜。我来到停尸间，看到两名愁眉苦脸的警官。

"对不起，帕特，"其中一个人说，"太平间的工作人员把尸体放进了冰柜，他现在像只冻鸡一样硬。"

他们预料我会皱起眉头并表示怀疑——为什么不早早打电话告诉我呢——但我只是简单地问："有吹风机吗？"两人在15分钟之内就已站在桌子上了，我们轮流用吹风机向死者的头骨和脸上吹热气。虽然大脑已经被移除了，但解冻头骨还需要一些时间，因此我们都很无聊。我回想起了那个面无表情的警官，他曾盯着我问了个骇人的幽默问题："爸爸，你今天上班做了什么？"听了这话我差点从凳子上摔下来，当然，此时此刻不应该讲笑话。我们应该尊重死者，保护他们的尊严。在我们的共同努力下，死者的头部最终解冻了，我开始冲洗鼻甲骨。但从死者身上获取孢粉的过程并不简单。

想象一下，死者的尸体躺在实验室的平板上。我最早用这样的方法从死者鼻腔中获取孢粉残留物：首先将一根连着大注射器的软管插入鼻孔，注射器里装着稀释过的热的清洁剂，然后向上冲洗鼻甲骨，希望能冲到有孢粉的黏膜。鼻子只是整个呼吸道中可见的一部分，鼻孔直接通向一个被垂直分隔物（鼻中隔）分隔成两部分的腔。它的主要功能是对进入肺部的空气进行加温、加湿，并在人们呼吸的过程中过滤外来颗粒。很多老年男性和女性都讨厌鼻毛，而鼻毛的作用则是防止异物进入鼻腔太远，而鼻甲骨膜中的大量毛细血管温暖了从鼻中吸入的空气，同时，细胞膜表面还有一层跳动的细小纤毛，能够阻止外来颗粒进入呼吸道。从鼻孔到肺的整个呼吸道都含有黏液，这同样有助于捕获外来颗粒。然而，在采样时，从鼻孔进入鼻甲骨并不合适，在通常情况下，除非面部和鼻孔干净到无可挑剔，否则导管冲洗可能会收集到污染物。鼻孔可以收集任何污垢和微粒，特别是腐烂的尸体，它被污染的风险很高。即使是病理学家，在例行的身体清洗中，也会将污染物冲进鼻腔。

现在，我已经改进和完善了莱因哈德的技术。在以前的案例中，无论我在什么地方，都会把鼻子，有时甚至把整张脸都排除掉，这样我就可以在使用注射器冲洗之前清除多余的物质。但我还是不满意，这种方法太粗糙了，我不喜欢。在解剖学家和人类学家休·布莱克的建议下，我采用了一种不同的方法来研究鼻甲骨。

在本案中，尸体脸部朝下趴在林地坟墓里已经6个星期了，整个头部布满了泥土和覆盖在洞口的腐烂落叶。我不会冒着污染样品的风险从鼻孔取样，而选择接受了别人给我的建议，利用筛板冲洗鼻甲骨。当我第一次看到这块特殊的骨板时，不得不感慨进化的力量，它通过小孔让嗅觉信息进入大脑。鼻甲骨位于鼻腔上方，将鼻腔与大脑额叶分开，这是一个非常完美的结构。然而，要想看到它，就意味着要移除头骨的顶部以及头部和面部的皮肤。病理学家曾在切除大脑时移除过这些部位，检查完后又把它们放了回去。因此，这是一项简单的工作，它们已经被病理学家移除过一次，而我只需要将它从骨头上提起来就行。当我完成工作后，再把它放回去，没人会发现的。

取样时，最困难的一点就是为尸体选择一个好方位，比如将鼻腔中的孔直接放在我的不锈钢肾形碗上，这个碗是我20多年来珍贵的财产之一。我常常需要太平间的技术人员帮我把尸体放到合适的位置。我首先用一团不吸水的脱脂棉堵住死者的喉咙，再用手术刀在筛状板左侧钻一个孔，最后在孔里插入一个注射器，里面大约有20毫升热的抗菌清洁剂（药物洗剂）。轻轻冲洗鼻腔，溶液就会从脆弱的鼻甲骨处喷涌而出，将上面所有的颗粒带入碗中。再在另一侧重复这个过程，然后将两次的冲洗物混合在一起，并将样品分成两份，一份留着备用。最后对两份样品进行离心，而离心后的两份试管底部都有颗粒状沉淀。

有时离心后的颗粒非常少，肉眼几乎无法看见试管底部的颗粒。即便如此，样品也必须经过处理和研究。在一些案例中，单个粒子所提供的信息甚至能够改变整个案件的进程。这些样品很重要——它们代表了死者最后一次呼吸的情况，可能还会告诉我们死亡地点。

我在死者的鼻甲骨中发现的花粉含量远比我想象的要多。一开始我的期望并不高，因为从鼻腔中得到的孢粉数量往往比较少——在我做过的许多检查中，每40毫升的鼻甲骨冲洗液中孢粉颗粒数不足10粒。然而，当我仔细研究这次的样品时发现，孢粉的数量在不断地增加。到最后，我们发现了739粒孢粉，分别属于35个孢粉分类单元。更重要的是，鼻甲骨的孢粉图谱与埋尸地周围表层土壤的孢粉图谱非常相似——肯定不像深层土壤。

土壤孕育了生命，它很伟大。土壤里包含了部分矿物质和部分有机物，里面到处是细菌、真菌和动物。它们大多活跃在土壤表层，随着土壤深度的不断增加，它们的数量和活动都越来越少。在大约8厘米深的土层里，生物的数量急剧下降；在大约20厘米深的土层里，生物数量下降得更多。孢粉也遵循这个规律。它们在表层相对丰富，但随着土壤深度的不断增加，它们在土壤中存在的时间越长，腐烂发生的可能性就越高。因此，随着土壤深度的增加，花粉类群的数量会减少，而且花粉粒会变薄、腐蚀和破碎。我在死者身上发现的孢粉保存得都很完好，这意味着它们来自表层土壤，也意味着它们是最近的花粉，大约是一年前的。

土壤颗粒竟然被吸到鼻甲骨中那么深的地方，这表明他的呼吸一定非常沉重。想象一下，如果把你的脸按在土里，你肯定会用嘴巴和鼻子急促地呼吸。现在我可以肯定：这个年轻人被勒死的时候曾奋力挣扎过。他的鼻子被埋在土里，泥土不可避免地被吸入到了鼻腔深处。如果他是在树林里正常散步的话，花粉和孢子是不可能到达那里的；如果他死在朴次茅斯，就不可能吸入这些花粉。无论如何，鼻腔中的花粉和孢子与埋尸地表层土壤的花粉和孢子高度相似。现在，我几乎可以肯定树林就是谋杀现场，再没有其他的案发现场了。

过了一段时间，两名凶手都认罪了，为了减刑，他们开始主动坦白。双方都指认对方是杀人凶手，而且都说是对方勒住了受害者的脖子，当受害者吐出最后一口气时，自己被吓得跳了起来。凶手具有一定的法医学常识，他们把货车开到了一个偏僻的地方，并付之一炬，然后销毁了所有的证据。但他们没有意识到，当他们把受害者拖进树林时，就已经将自己的信息留在了那里；他们也不知道，当受害者脖子上套着绳索躺在墓旁的泥土里时，已经将墓地泥土里的花粉和孢子吸入了鼻腔，而这些孢粉作为证据，会将他们的罪行昭告天下。

我曾在英国伦敦大学学院教授过法医考古学硕士课程，并在上课时提到过这个案例，该课程实际上属于考古研究所的课程。法医考古学很受欢迎，伯恩茅斯大学开设了这方面的硕士课程，许多年轻的考古学家都想参与犯罪调查。

随着身体状况的日益恶化，我提前退休了。以前，无论在什么天气情况下，我都要外出工作，真的非常辛苦。我还记得有一次，我在一个平安夜站在结冰的水沟里，冰冷刺骨的水没过了我的大腿。天渐渐黑了，我感觉忽冷忽热而且呼吸时头疼，背也疼。回家后我就得了严重的肺炎，花了很长时间才康复。医生说我不能再这样折腾自己的身体了。

"你只能退休了。"他说。

"什么？"我喘着气说，"我做不到，我还有很多事要做！"

我又开始烦躁起来。我已经成功处理了很多起法医案例，现在仍然在学习和发展法医学，也在储备维护法庭公正所需要的技能。

虽然研究所所长是个不好相处的人，但他似乎很同情我。

"我们做个交易，"他说，"你教授一门硕士课程，我给你提供法医工作所需的实验室和所有设备，就是没有薪水……"

这是个很好的建议，因为我可以从协助警察的工作中得到报酬，也不需要进行繁重的野外考古工作，而且还能得到我所需要的帮助和支持。这就是法医考古学硕士课程诞生的原因。当我回顾往事的时候，大部分情况下都是愉悦的——不仅能教授我喜欢的课程，还能调查案件。现在，我似乎又成了一名教师。

我想让我的课程有更广的涉及面，所以就邀请了许多其他领域的专家来参与讲课，让课程更加生动有趣。我安排了轮班表，学生们轮流与我去犯罪现场和停尸间。这也可以体现出学生们的心理素质。有趣的是，在现实生活中面对真正的死亡时，女性比男性更优秀，男性相对比较脆弱。我可以再写一本书，讲述我的教学经历和那些追随我的青年才俊以及紧张教学过程中的快乐和失望。我的学生已经开始接触日常的讲座和实践课程，也进入了犯罪现场、警察局、停尸间、验尸所和法院。这真是一门内容全面且丰富的课程。

·第十一章
尸体是一个空瓶子

我握着他的手，茫然地把手放在他的脉搏上。他的脉搏无规则却有力地跳动着，对此我很感兴趣。突然，他剧烈颤动起来，直愣愣地瞪着我并倒抽了一口气，接着就丧失了所有的活力。

"每个坚强独立的女性背后都有一个破碎不堪的童年，她必须学会重新振作起来，且从不过分依赖任何人。"我不知道这句话是谁写的，只是在网上偶尔看到的，但觉得它是个真理。

　　在我出生的那个小村子里，大家的生活都是一成不变的。我的外祖母仍在子女家中轮流居住。我的肺依旧不好，还像以前一样频繁出现肺炎、胸膜炎和支气管炎等问题。后来，我们进行了分班考试，我和我最好的朋友被送到了不同的文法学校，她去了我们村附近的蒙茅斯郡，而我则去了不相关的格拉摩根郡，因此在随后的几年，我们的关系渐渐疏远了。校车沿着山谷盘旋而下，绕过村庄，我要坐很长一段路才能到达下客区。无论天气如何，我都会走过那段蜿蜒陡峭的山路，穿过拉姆尼河大桥，再爬上那座最高、最陡的山，到达那个最严格、最令人生畏的地方——刘易斯女子学校。我一旦下了巴士就要艰苦跋涉，但从未对此质疑过，而是和现在的孩子们一样忍受着。

很快，我就结识到了新朋友，包括格拉摩根郡本地的朋友。我们大多数人都是煤矿子弟，我们的父亲都在煤矿工作，要么是"真正的"煤矿工人，要么担任着矿里的其他工作。我们通过考试成绩来制定班里的等级制度。我所在的这个社区热衷于教育，在矿工福利机构的帮助下，父亲们也能在阅览室里安静地待上几小时。在我所认识的那些博览群书的人中，我父亲算是其中之一，他能对任何话题提出令人信服的观点。他也教我辩论，当我们在讨论一些问题或报纸上的新闻时，我母亲是无法参与到我们的辩论当中的。辩论是一种很好的游戏，就像击剑的攻击和反击一样，它的主要规则是客观性和分离主题。我一直喜欢听那些有节制的、理性的辩论，就像我最喜欢的艺术——巴洛克音乐和荷兰大师一样，它们能让我醉心于精确的细节中。

文法学校的老师们的生活很轻松。我讨厌那所学校，对我来说，我的初中生活一样令人讨厌。我们是女子学校，没有男孩儿，但我们能在教堂里见到很多男孩儿，那里充满欢乐。女孩儿们很聪明，所以穿着黑衣服的老师在给我们传授知识的时候很轻松。当然，女孩儿们之间也存在深厚的情谊，这也算是对学校生活的一些补偿。直到现在，我们每年仍约有 14 人在加的夫湾聚会，彼此交流信息、观点和意见。现在我才知道，当时学校里的很多同学都觉得自己能力不足，也因受到纪律的压迫而意志消沉，我并不是唯一一个。回首过去，当时他们几乎没有对人才进行培养，而且他们的教育态度是狄更斯式的。但教育中也不乏亮点，每年 3 月初，学校都会举办"乐人大会"用以表彰各种形式的文化。在文化节期间，每个女孩儿都有自己的屋子，并将其以当地的山命名，除了刘易斯屋——它是以我们学校的创始人的名字命名的。我的是黄色的贝德威尔屋。直到现在，我还清楚地记得每个女孩儿的屋子，因为在文化节期间，大家要么是合作伙伴，要么是竞争对手。

学校的校风是一切都要出类拔萃，我们要服从命令，努力学习，否则就会受到羞辱性的惩罚。其中一个让人讨厌的惩罚就是必须一夜之间背会诗歌，然后第二天在全班同学面前背诵。我不喜欢诗歌，虽然能明白并欣赏其中的深意，但仍记不住它，这对我来说就是一种惩罚。不用说，我从来没有在"乐人大会"上表演过诗歌朗诵。每个人都必须参加表演，表演活动包括背诵、唱歌、跳舞、画画及写作，但其实你能想到的任何表演都行，即使想在碗里种水仙花也可以。公平地说，在这种情况下，每个女孩儿都有机会表现自己的特长。生活中的每个阶段都充满了竞争，非常充实。几周后，我们就要参加大考了。

我喜欢做礼拜，每周的星期天要去两次，有时星期三也去。我们玩得很开心，因为最帅的男生也去，所以除对宗教的崇拜外，还能得到其他的激励。1958 年 4 月，一个星期三的晚上，在中学毕业考试前夕，我正在浸信会的教堂里参加一个社交活动，玩得非常开心。

就在那天晚上，我的世界坍塌了——冷空气从外面钻了进来，嘶嘶作响。我母亲的一个朋友来到教堂大厅说要见我。这让我感到很困惑。

"听着，帕特，今晚别回家了。你要去你梅姨妈家。你母亲离开了你父亲，事情就是这样。"

我一动不动地站在那里："什么？"

"走吧，我带你去你姨妈家。她正在等你呢。"

现在的社会很关注孩子的情感健康，所以基本上很少会出现以这样残忍的方式将一个孩子毫无防备地从家里拽出来的情况。晚上，我刚穿着绿色的衣服去教堂，但我不知道的是，我那蓝白相间的校服和课本正被送往山谷上游几英里外的姨父姨母家。我从记事起，就不喜欢和父母住在一起。他们反复无常，特别易怒，经常为一些鸡毛蒜皮的小事大发雷霆。

他们的争吵只关乎性格而无关乎对错，我总是在双方的夹击中生存。我母亲离开了我父亲吗？那简直不可想象，因为在那个时代，家庭是不会破裂的，而且婚姻的纽带就是生活的纽带，但他们却离婚了。我满脑子想的都是被告知他们离婚后的耻辱感。我感觉双颊火辣辣的并感到恶心、不安和恐惧。为什么不是我妈妈来接我？为什么一切都这么突然？我从未觉得我家的那些年长亲戚特别同情过我们，为什么要把我寄养在那里？虽然他们家没有孩子，房子也干净整洁，地板锃亮，但很冷。

我没再说什么，甚至当我被送到那个新家时，都在希望这只是个临时的家。我既没有问起我的母亲，也没有问起我的父亲。事实上，我对他们所谓的成年人行为感到耻辱和厌恶。我总觉得自己比父母成熟，并且习惯用批判的眼光去看待他们。和以往一样，他们总是把自己放在第一位——他们的感情生活是最重要的，为了它可以不惜一切代价，甚至不惜牺牲自己的孩子。然而，我的内心深处又为父母的离异而感到窃喜。他们的爱不够深，而且已经彼此伤害了多年。

从很多方面来说，能从父母的战争中解脱出来是一种福气，但同时也伴随着诅咒。在 16 岁的时候，我觉得他们离婚带给我的耻辱就像我身上的一个烙印。我永远无法忘记或原谅母亲那天的行为——她坚持要我陪她去法院，并告诉我从此以后，我都要和她生活在一起。回顾那段时间，以现在的观点来看，我父母所做的一切都是在伤害孩子的心理，破坏孩子的幸福。如今，这种做法会被归类为虐待儿童。但当时，对于拥有这么"好"的原生家庭的女孩儿来说，这个观念是不可思议的。最糟糕的是，我的外祖母那时住在约克郡，她的小儿子家。她不在这里，我连个避难所都没有。

我悄悄地把父母离婚的事告诉了一位特别的朋友，因为从她记事起，她的父母就处于冷战状态，所以她很同情我。我一直认为父母和老师是地球上最有影响力、最危险的人，而且觉得他们伤害了我。他们可以摧毁一个孩子，也可以成全一个孩子，在他们的影响范围内，孩子根本没有反抗能力。好吧，反正那时候没有。

我和母亲住的是公寓，不是家，永远都不是。家里有我的房间，里面有我的书和隐私。家是外祖母待的地方，她会陪我读书，在我生病时照顾我。我在我们的新生活里简直看不到希望。我曾幻想过，当母亲不再和父亲争吵时，她会变得温柔，但现在看来，这个想法是错误的。她还是和以前一样盛气凌人，也许反复无常已经成为她的生活习惯。每件事都要按照她的方式去做，但这意味着我将再也见不到我的父亲。他的生活继续着，永远在我们生活的边缘徘徊，而母亲不许我和他有任何接触，也不许我打听他的事，甚至不许我当她的面提起他。这倒不是因为父亲是个坏人，而是因为他犯下了婚姻生活中不可饶恕的错误——他出轨了。

如今，这当然不是让孩子不见父亲的理由。虽然他非常想见我，而且也一直在努力，但从他们分开的那一刻起，我母亲的表现就像他从未出现在她的生命里一样。我不知道导致他们离婚的催化剂是什么，也不想知道。现在回想起来，我很难相信这些都是事实。我可怜的爸爸，他有一头漂亮的头发，长得很帅。他也非常有魅力，但面对这两个反复无常的人，我只能应付其中一个，而这个人还必须是我的母亲，父亲逐渐变成我生活中一个遥不可及且面目可憎的人。在此，请父母们注意：如果在孩子面前诋毁他的父亲或母亲，那么你将永远是个叛徒，而且对孩子的爱也会因此减少。

后来，母亲逐渐衰老，独自住在贝德韦尔蒂山顶上那幢乔治王时代风格的大房子里，周围是迷人的景色和羊群。医生告诉我，她只是需要被照顾，并不需要住院。

"我不会去养老院，像个老奶奶一样被困在角落里。"

我知道，如果有护理人员搬去和她一起住，那么以她的性格，他们撑不过 5 分钟，而我将要永远去寻找负责任的护理人员。

那么，只能让她搬到萨里郡和我一起住了，当时我和我心爱的小猫米奇一起住在萨里郡的大房子里。3个月地狱般的生活就这样开始了。她总爱吩咐身边的人，一开始，我是她的女仆。我不久之后就要去工作谋生，而现在还要照顾她，给她洗衣服，让她按时吃饭。我真的很累。

"你要去哪里？""你去多久？""电话那头是谁？"

这种感觉似曾相识，她又把我当作青少年来对待了。但是渐渐地，她意识到我是一个富有同情心的人，我有她所缺乏的渊博的知识。她目睹了我与警方在一起讨论案情的情形，她陪着我去亨登警察学院讲课，我的朋友还邀请她和我一起参加聚会。她开始意识到这是她熟悉的山谷之外的生活，而在那个小池塘里，她曾是一条大鱼。

在经历了3个月的炼狱生活后，我们重新认识了彼此，她觉得在这里过得很舒心，也认识到了我的善良，而我发现她很聪明，而且非常有趣，这也是她有那么多朋友和熟人的原因。她会模仿我们认识的人，和她的对话让我开怀大笑。虽然她还是会让人伤心恼火，但与以前相比，她的性格平稳了很多。她会即兴弹奏钢琴，会做精美的刺绣而且技艺高超。她既漂亮又迷人，大家都被她吸引了。这也许是我第一次去了解和理解母亲。在随后的3个月里，我们已经不再争吵，而且关系特别融洽。然而，在我们相处了6个月后，我要去新西兰参加一个会议，所以在离开前把母亲送到了威尔士的一家疗养院。我们说好了，等我从新西兰回来就去接她，但我回来的那天，她摔断了骨盆，从此以后她的身体就一天不如一天。

大约又过了6个月，节礼日的第二天，她死在了我的怀里，她的临终遗言是："我从来都不知道我的女儿有这么棒。"我哭了，不是因为她走了，而是叹息我们之间那些虚度的光阴，那些我们本可以成为朋友的岁月。外祖母最爱的人是我，她将所有的爱和关心都倾注在了我的身上，我想母亲不会原谅我，因为我拿走了那份原属于她的爱。她的母亲总是忙于维持家庭生计，几乎没有时间来公开表达爱意。我也永远不会原谅我的母亲，不会原谅她的粗心大意对我造成的伤害，在我的一生中对我感情的忽视以及对我精神隐私的侵犯。在她面前，我不能得到片刻放松，这是多么可悲啊。

在父母离异后，我和母亲的生活非常艰难，当时我的男朋友说要在英格兰找份工作，我觉得我也可以这么做。因此，在大学入学考试进行到一半时，我在萨里郡公务员部门的实验室申请并得到了一份工作，还找到了住处。当然，我母亲曾试图阻止，但最后不得不放弃，因为我已经下定决心要摆脱她、逃离她，而且一想到自己即将从她那里获得新的自由就兴奋不已。我只想逃避。

现在回想起来，和我一起住在萨里郡的人都很亲切、善良，但对我来说他们是如此的陌生。我吃着健康的砂锅菜，住着温暖舒适的房子，但我很想家。也许当我说了我的家庭生活后，再说这句话有些让人难以置信，但我还是很想家，想山谷，想朋友，想所有熟悉的事情。萨里郡真是太平坦了——我连一座像样的小山都没见过，这简直让我不敢相信。水非常咸，不是从山上流下来的那种甘甜的泉水。如果你不伸手的话，公共汽车就不会停。而在威尔士，只要你站在公共汽车站旁，过往的公共汽车就会停下来。我站在车站旁，被眼前一辆辆往前冲的公共汽车吓呆了，直到看到马路对面的人站在公共汽车站旁招手，车辆才停了下来。这是我在这片陌生而平坦的土地上得到的另一个教训。这里的一切看上去都一样，到处都是成排的白杨树。

我惊讶地看着罐装的泡菜和果酱，旁边还贴着价格，还有成包的饼干。我从来没有见过任何预先包装好的东西，这令我情不自禁地认为它很粗俗。在家里，奶酪是用金属丝切好的，饼干和糖果总是装在大罐子里的，培根则被机器上的旋转刀片切成薄片。健康和安全吗？它是不存在的。最令我吃惊的是，在英国，煤是从煤场买来的，装在小麻袋里。我只见过有人把一吨吨的煤倒在屋外的路上，有些煤块有扶手椅那么大。父亲们把它们分开，并把闪闪发光的无烟煤搬到煤房，然后扫地，再用几桶肥皂水冲洗街道。此时，邻里之间就开始互相帮助，等一切都完成后，就以啤酒作为谢礼。

我记得我父亲用大锤敲碎煤块，然后我们俩就在煤块里寻找植物化石。我们发现了很多化石——大部分是蕨类植物，还有一些巨大的茎干，现在我知道它们是小楔叶类的祖先。我回想起那些日子，我们在父亲房后的那块空地上举办焰火晚会，在焰火晚会上，我们玩得很开心。特别值得纪念的是，有一年，一个小男孩儿拿着一个巨大的烟花礼盒四处炫耀，而一个忌妒他的男孩儿就把一个烟火扔进了礼盒里。接下来的场面就非常壮观了——火箭炮从四面八方呼啸而过，鞭炮在女孩儿的裙子上跳跃着，轮转烟火漫无目的地在地上疯狂旋转，伴随着巨大的噼啪声和可怕的尖叫声，人们都四散开来。现在回想起来，当时的场面真的非常滑稽。其他人在自己家的空地上养着鸡，邻居家养着鹅，我仍然记得父亲吃的鹅蛋卷，它特别大。沿街再往下走，有一块用来养猪的空地。当猪被拖去屠宰场时，我能听到它们所发出的惨叫声。当隔壁一只鸡被扭断脖子当作晚餐时，我还能听到它疯狂的咯咯声、扑腾声和尖叫声。我讨厌这些，但我们的篝火晚会真的很有趣。我想父亲留着这块空地只是为了让我们玩。

离开威尔士的那几年，我过得很不愉快，痛苦和孤独包围着我，但我下定决心，再也不回去了。我真的再也没有回去过。人们嘲笑我说话的腔调，并随意诋毁威尔士和威尔士人。这并不是对威尔士人的偏见——贬低爱尔兰人、苏格兰人和北方人的笑话，甚至那些贬低英国西南部地区的笑话也随处可见。我逐渐了解到，虽然在政治氛围的限制下，他们会节制自己的行为，但伦敦周围各郡的原住民的思维还是不同的。整个国家在过去的半个世纪里发生了巨大的改变。我的大半生都在萨里郡度过，所以已经被英格兰同化了。当我再回到威尔士的时候，感觉自己有点像外国人。我敏锐地意识到，自己以前离开威尔士时，肯定也带着浓厚的威尔士口音以及威尔士的态度和文化。我这一生中的大部分时间都处于不稳定状态——不停地在威尔士人与英格兰人之间转换，这就是移民的命运。

之后我嫁给了一位高大英俊的英格兰人，我们的童年生活截然不同。他的父母、家庭及生活方式都让我想起一则阿华田广告：在一幢舒适的战前别墅里，爸爸妈妈围坐在温暖的壁炉旁，穿着格子纹的睡衣，睡前喝着阿华田。我甚至能听到广告里的叮当声。对我来说，他的童年就像是伊妮德·布莱顿小说里的情节，他的父母对待生活、世界和宇宙的态度都很传统。妈妈是家庭主妇，在厨房里烤着面包，而爸爸则戴着圆顶硬礼帽，拿着雨伞进城，并在火车驶进滑铁卢车站时完成《泰晤士报》的填字游戏。

二战时期，这片田园诗般的土地被破坏了，他们搬回了乡下。5年来，我的公公很少见到他的妻子和儿子。他是一名高级公务员，肩负着重要的战争职责，并被派往曼彻斯特。渐渐地，家庭生活中多年的只言片语和具有揭露性的评论，表明这个家庭并不像表面上看起来的那样和谐。我前夫和他父亲的关系并不融洽，在他的成长过程中，他的母亲陪着他度过了大部分的时间，并且特别爱他。不过，我和他父亲相处得很愉快，并不畏惧在他经常吹嘘的时候戳破他。我记得我母亲曾邀请他们去她家里度假，她家在山坡上，我公公惊讶地感叹道："这里的山谷真是风景秀美，环境宜人，并且非常干净，而且这里的人们都非常慷慨大方且有趣。"在其他人看来，他的评论可能略显傲慢，但我知道，他只是在感慨我们这儿竟然没有被煤尘覆盖。"你就是他一直想要的女儿，"我前夫曾对我说，而后又撇了撇嘴道，"看起来很有学问。"这是他想得到的感情，而我轻而易举地得到了，他这是在忌妒我吗？

我公公的烟瘾很大，他这一生大部分时间都在大量吸烟，因此，在他退休后不久就不可避免地患上了动脉阻塞／糖尿病综合征，两条腿都瘫痪了。他去世时只有72岁，在现在看来还很年轻。现代医学似乎给我们带来了永生的希望，现在的 60 岁也就是过去的 40 岁。我依然记得他临终前躺在床上的样子，他穿着整洁的睡衣，头发和胡子都被修剪得整整齐齐，而我就坐在他的身边。我握着他的手，茫然地把手放在他的脉搏上。他的脉搏无规则却有力地跳动着，对此我很感兴趣。突然，他剧烈颤动起来，直愣愣地瞪着我并倒抽了一口气，接着就丧失了所有的活力。

这种变化吸引了我。我的公公，他现在只留下了一具躯体，眨眼之间一切就这样发生了。我从未如此近距离地接触过死亡。它让我意识到：灵魂业已离开，留下的只是空壳。

多年前，我成为一名还原论者，该理论认为，灵魂和精神、存在只是一系列复杂的物理化学反应。我们都是大脑化学反应和个人经历的受害者。无论你的本性是高尚的还是变态的，其实在很大程度上都不是你能控制的。你只能节制你的行为——你的思想是你自己的，是你特有的。对我来说，能够亲眼见证生命恰好地离去是非常令人欣慰的。我确信，他不会再有任何烦恼和痛苦，他已经完全脱离苦海了。

大约 30 年后，时间来到了 2005 年，我的母亲也死在了我的怀里，就像我的上任公公一样。对我来说，她的死亡过程也同样具有戏剧性的蜕变，但我对这两位老人的死几乎不感兴趣，因为我自以为只是求知欲很强的科学家。我只经历过两次真正的丧亲之痛，现在对我而言，我养的猫就是我的珍宝。

很难相信，我在结婚 42 年后离婚了，但这么多年来，我对他的了解依然停留在我们正式谈恋爱的那 5 年。几十年来，我们俩的感情就像一对卫星，彼此围绕却很少接触。他的兴趣很广泛，他不仅是一名出色的摄影师、水肺潜水员、固定翼飞机和直升机的飞行员，同时还是一名优秀的骑手。后来，他又迷上了计算机并且非常精通。他有最好的设备，不许任何人碰它们。我曾以为我们非常富有，那段时间我们有一辆保时捷、一辆法拉利——我喜欢驾驶它们。我们还有一架双引擎、8个座位的塞斯纳轻型飞机，两匹马，无数台电脑和各种电子设备。我学会了驾驶飞机，但一直特别谨慎，因为我害怕自己一个人在5000英尺（5000英尺≈1500米）的高空上因心脏病发作而瘫倒在飞机面板上。我们随心所欲地飞遍欧洲，住在最喜欢的酒店里——夏纳是我们最喜欢的度假胜地。这难怪我们的许多朋友都和我一样以为自己很富有。

在60岁的时候，我开始期待舒适而又富有成效的退休生活，但一个不堪的事实却突然呈现在我的面前。我失去了亲人，变得不知所措。我发现，这么多年来，他一直在背叛我。我们之间从未有过争吵，甚至都没有意见分歧的时候——因为我们的关系还不够亲密。当他将自己的时间花费在各种爱好上时，我却要做许多事情，后来我逐渐发现，他征服了我。我曾在原生家庭里受过伤，现在，我再次受到了伤害。我礼貌地请他离开，经过一系列同样礼貌的反抗后，他最终同意了我的提议。仅此而已。

分手后，又过了七八年，我们离婚了。在此期间，我需要自己谋生。其实我们一点儿也不富有，他几乎把我们所有的一切都浪费在享乐上了。我和我的两只猫被留在这个大房子里，这也意味着我从不孤独，事实上，我几乎没有感觉到他的离开。一个可喜的不同之处在于，我不必每天再为他浆洗衬衫、做饭了。我当然不会把钱浪费在律师身上，而是听取了我侄女（她是律师）的一点建议，自己办理了离婚手续，且整个过程只花了几百英镑。我甚至要求他把这些钱还给我，他答应了。那真是一段痛苦的日子，但这并不是我所经历的最糟糕的事。那段时光给我的肉体和精神带来了巨大的折磨，我究竟是怎么熬过来的呢？

我深爱的外祖母的逝去给我的人生带来了第一场灾难，她在一场车祸中丧生。我无法接受这个噩耗，有生以来第一次感到孤独、恐惧、战栗和迷茫。然而祸不单行，这一年，我的希恩也离开了我。她是我快乐的源泉、生命的曙光，是我活着的希望。我为她——我的女儿，我那蓝眼睛、金头发的女儿而活。从出生起到9个月大，她的身体都很健壮，当然，她也是个特别精致的孩子——每个人都会觉得自己的孩子非常漂亮。我们非常亲密，我常常用威尔士披肩把她裹在我的胸前，然后把她搂在怀里给她喂奶，对她唱歌。我们都很喜欢这个时候。至今，我还留着那条披肩。

老话常说"坏事成三"，事实也的确如此。一天早上，希恩突然变得非常暴躁，我们都很震惊，然后只是稍微指责了一下她，她的眼泪就像决堤的洪水般流了下来。然后我就带她去看了医生，医生说我是个神经质的新手妈妈。很明显，孩子肯定是哪里不舒服了，但他仍然将我视为一个讨厌鬼。没过多久，她的背上就布满了一团团紫色的斑点，我现在知道那是皮下出血造成的，那是紫癜。但当时我们并没有可以咨询的互联网，只能听从全科医生的建议。这次，他很认真地接待了我，然后紧急将希恩转到了儿科医生那里。我真的无法回忆接下来的那几个月，她最终被诊断为霍奇金淋巴瘤——一种血癌。当地的医生没有足够的能力来医治这么小的孩子，所以在接下来的几个月里，伦敦的圣托马斯医院成为我们的第二个家。最后，他们发现希恩被误诊了，她患的是一种非常罕见的自身免疫性疾病，叫作莱特勒－西韦病。接下来的 10 个月，我们简直就像生活在人间地狱中。每当我走到她的床前，总觉得她好像死了。她的红细胞太少了，但我可以把我的血给她，因为我是万能的供血者（RH 阴性 O 型血），可以给任何人献血。可怕的医疗和手术干预接连不断，我现在意识到，医生们其实也不知道该怎么做。

现在，我唯一的遗憾是，她没有早一点死去。如果那样的话，她就不会受那么多的罪，因为治疗实在太痛苦了。即使这么多年过去了，我仍然会在她的墓前哭泣。我每天都会思念她，然后想象她可能会成为什么样的人，我会不会有外孙？她长得更像我还是她父亲？我再也没有生过孩子，因为不知道自己会不会成为一位好母亲。我总是希望每个人都能竭尽全力把自己的事情做到最好。我知道我是一个特别挑剔的人，可能不会成为一位传统的母亲。也许希恩不喜欢我，就像我不喜欢我的母亲一样。但我知道，我会凡事都以她为先，永远都将她放在第一位。我非常感谢她的存在，并为她的存在感到高兴。我尽我所能、拼尽全力想要将她留在我身边，但是在那个寒冷的 1 月，她再也没有睁开双眼。我目瞪口呆，难以置信，就像是一股电流击中了我，然后我的心脏被撕开了。并不是所有离去的东西都会回来的，没有什么能够填补那种致命的空虚感。

护士温柔地把我带走了，生命中最糟糕的事情已经发生了。任何灾难或不幸都不会对我产生同样的影响，也不会伤害我这么深。从此以后，我披上了坚硬的铠甲，将脆弱的自己层层包裹起来，不让自己受到任何人的伤害。对我来说，没有人比希恩更重要。感谢上天曾赐给我一个女儿。

披着这样的铠甲，大家会觉得我很傲慢。其实，我并不在乎别人怎么看我，并且开始变得直言不讳，也不怕任何事或任何人。也许这就是我能够在法医职业生涯中应付那么多可怕的场面和令人震惊的案件的原因。我非常关注那些被虐待和忽视的儿童和动物，在某种程度上，这与我女儿的死以及她所经历的苦难有关。有些人认为我冷酷无情，但其实在我强硬的外壳下，隐藏着一颗像棉花糖一样柔软的内心。真正了解我的人从不怕我，但我知道，我只需一个眼神就能阻止那些我不欢迎的人。

失去希恩后，我变得很瘦，而且肺部旧疾也隐隐发作，导致我不停地咳嗽。有一天，我正在医学院工作，站在从病房里收集来的尿液瓶旁边的教授建议我去检查一下。

"哦，我一直都这样。"

"嗯，我认为你需要检查一下。"然后他们检查了我的身体。

在那些日子里，他们把我放在一张可以四处摇摆的桌子上，然后将一根管子插进我的鼻子里，再把一种射线无法穿透的液体倒入我的肺里，让我在桌子上旋转，直到肺部被液体包裹起来，最后利用 X 射线拍摄了几张图片。虽然当时我觉得自己快要被淹死了，但还是着迷地盯着屏幕。检查完后，弄出那些液体的唯一方法就是翻过身，在背上拍几下，然后将它们咳出来。该过程被称为支气管造影，幸好这种检查手段现在已经被 CT（计算机层析成像）扫描取代了。孩子或生病的成年人再也不用经历那样痛苦的检查了，那简直就像被一群穿着白衣的外星人抓到宇宙飞船上折磨一样。

很快，诊断结果就出来了。我的右肺完全发炎了，就像一个脓包，我的左肺也不太好。不到一个月，我也住进了女儿去世的那家医院，就住在大本钟对面的那个病房里。人们竟然都没有注意到，钟的响声是那么有规律且间隔很短，谁会相信呢？我的右肺被大面积地切除了，那时，麻醉剂和止疼药的效果都不太好。我对那段时间的记忆非常深刻。我陷入了痛苦和不幸的旋涡中，而唯一的解脱方式就是吗啡。那种飘飘欲仙、远离痛苦的感觉真的非常奇妙。起初，我拒绝使用吗啡，因为打吗啡针太疼了，但后来当我要求用吗啡缓解疼痛时，医生拒绝了。显然，他要确保病人在减轻疼痛的情况下不至于染上毒瘾。那些不幸和绝望的人为了一剂强力镇静剂，可以不惜一切代价，对此我感同身受。当针刺能带来幸福和欢愉时，人们很容易就会屈服。

我花了很长时间才恢复过来，然后就投身于工作。虽然我的心灵和瘦弱的身体经历了多次打击，但我的精神依然强大——如果我的体力也这样就好了。

·第十二章
毒　药

毒药是个笼统的词，它包括任何能够改变身体正常功能的化学物质。无机物如砷元素或化合物如氰化钾，都是致命的毒药；蛇、蝎子和蜘蛛等动物所释放的有毒物质被称为毒液，它们的化学成分非常复杂；大多数植物、细菌和真菌所产生的有毒物质则被称为毒素。

以前，我因为身体不太好，不能像其他同学一样天天去学校。但后来，我通过了入学考试，并进入了那所位于陡峭的山顶上的我讨厌的文法学校。不过，我喜欢校长戴维斯先生和我们的老师"矮子"琼斯，他们是很有才华的人。琼斯先生引导着我们每个人发挥出最好的一面，他从未偏袒过哪个学生，也从未让哪个孩子感到被边缘化。60 多年后的一次同学聚会上，一位老同学告诉我，大家都知道校长很喜欢我，我却一直没有意识到这点。她说校长总爱向我提问，当我们在讨论一些简单的概念时，他会让我纠正大家的错误。说完后，她还笑着翻了翻眼睛。这可能得益于我看过的那些书，我曾在百科全书上汲取了大量的知识，它们是我最喜欢的书。书上的故事不仅具有教育意义，还是知识和智慧的巨大源泉。当别人都在外面玩游戏和探险时，我只能长时间地躺在床上看书，这就是书带给我的回报。

　　我和珍妮·布鲁顿是特别要好的朋友，我的身体痊愈后，我们就一起外出探险。村子外的不远处有一处开阔的山坡，羊群和山地小马在那里悠闲地漫步。我们整个下午都在外面疯玩，饿了就吃马麦酱或果酱三明治……前提是小马没有提前找到它们。可能是因为草的味道太单一，所以小马们非常喜欢探索其他的食物，有时就像暴徒一样。珍妮和我是真正的伙伴，我们一起采摘圆叶风铃草，一起用洗净的酱汁瓶来发酵东西，以此来制造香味，而掩盖瓶中残留的酱汁味。我们一起探险，并知道在哪里可以找到青蛙卵，这样我们就能观察从卵到蝌蚪的孵化过程。通过把小块生肉扔在水里，我们有时甚至能捉到精致的小青蛙。我们还一起抓过蛇蜥，把它养在我家客厅窗台上的大玻璃瓶里。后来，我母亲发现了它，并把它从玻璃监牢里放了出来，我知道后生气地大吼大叫，因为她没有和我商量就私自把它放走了。那时，我最大的愿望就是能有一把小刀，这样我和珍妮就可以挖花生了，最后我的愿望实现了。锥足草是伞形科植物，它的块茎非常美味，但往往埋在土壤深处。不过，小路边的草地里有片锥足草，其块茎大约只有4英寸（4英寸≈10厘米）深。我们就用那把小刀挖了起来，挖出这些块茎时，任何人都会认为我们得到了宝藏。我们先擦去上面的泥土，再用小刀削掉块茎的最外层，然后在上面吐些口水，再用裙边随意地一擦，之后就把它们塞到嘴里。不过，有时它们上面会沾些泥土。虽然挖的过程有点艰辛，但它们尝起来非常甜美，这让我们觉得再辛苦都是值得的。

　　后来，我们一起爬山去摘欧洲越橘。我们非常喜欢它，回家的时候，我们的嘴巴、手指、膝盖和屁股往往都是蓝色的。从 9 月起，我们就和其他人一起摘黑莓。小时候我就非常熟悉它们的叶子，后来通过这些知识，我确定了受害者的死亡时间。在我的法医职业生涯中，童年的大自然生活起到了很大的作用。

在大自然中，很多野生植物都可以安全食用。山楂树的幼叶很好吃，而且成熟后的山楂，其口感和手感都很棒——不过吃多了就不好了。接骨木的果实没什么味道，但可以在煮苹果的时候加入它们，这样会让食物看起来更漂亮。当地人称它们为"吉卜赛人的红醋栗"，因为制作蛋糕的时候它们会被当作替代品。很多人都知道黑刺李，它富含单宁，有点像李子，我每年都尝试收集它们来酿造黑刺李金酒，非常美味。新鲜黑刺李中的单宁酸会与唾液中的蛋白质结合，因此会让人感觉口腔干燥。那种感觉很可怕，整个舌头都变木了，你会觉得自己再也尝不出任何味道。任何破坏水果中细胞的方法（比如加热、冷冻、酒精浸泡）都能让黑刺李释放出单宁酸，从而使其失去效力。我酿造的黑刺李金酒肯定也存在这种情况，虽然它们每年的味道都不相同，但一直非常美味。那时的孩子，比如我和珍妮，知道什么时候去哪里找吃的，但是现在的孩子，他们沉迷于电子游戏和短信，对野外生活一无所知。这让我很难过。

正如前面提到的，在大自然中，许多野生植物是可以安全食用的，但也有许多植物是无论如何都不能吃的。植物和动物一起进化了数百万年，因为动物都是消费者，所以在某种程度上必须依靠食物链中的植物，如果植物没有进化出防御机制就只能被吃掉。一些植物的防御机制非常精妙，它们向我们展示了大自然是如何走向平衡的。它的防御机制包括物理防御、化学防御或者两者相结合的防御，还有一些则涉及与动物的互惠关系。

荨麻的幼叶很有营养，能够做成汤。为了保护自己免受过多的捕食，它进化出一种物理和化学相结合的防御方法。荨麻叶子上特殊的细毛经过复杂的进化后，可以将里面的甲酸、组胺、乙酰胆碱和血清素的混合物注入任何接触它的物质中。这种混合物会引起疼痛和灼烧性皮疹，曾有记录表明，狗狗会因穿过大面积的荨麻而中毒。其他植物，比如野生的欧防风和大独活，如果在阳光下接触它们则会引起严重的皮疹。关于有害植物的书籍和论文数不胜数，每个人都应该对它们有一个基本的了解。

大自然的竞争非常激烈，这样的防御措施有助于植物在竞争激烈的大自然中最大限度地提高生存能力。许多蔷薇科植物的茎干上都有刺，它们就像匕首一样又尖又长，如山楂或火棘形成的篱笆就像一道有刺的铁丝网，这些刺肯定会吓跑觅食的动物。金合欢属植物也有刺，但有些刺会被蚂蚁掏空。蚂蚁能产生蚁酸，被它咬过的地方会疼很久，从而使得金合欢属植物免受其他草食性动物如长颈鹿和其他害虫的啃食。这是一种共生现象，世界上的林地、稀树草原、丛林中有很多这种现象。

植物为了生存和繁衍，进化出了物理防御和化学防御，拥有化学防御的植物在数量上远远超出了那些拥有物理防御的植物。植物王国里的化合物有很多，多到令人眼花缭乱。许多化合物似乎都是植物用来自我保护的——阻止昆虫和其他动物的啃食，防止寄生虫进入体内以及一些至今尚未被阐明的功能。植物、真菌和细菌就是这个星球上令人吃惊的有机化合物的制造工厂。它们所制造的化合物既能维持其他生物的生命，又能使其他生物不适甚至死亡。素食者（非人类和人类）是植物维持其他生物生存的能力的证明，但也有很多例子表明，它们是有害的，甚至是致命的。

纵观历史，投毒杀人案屡见不鲜。大家认为，女性杀人的首选方式是投毒。比如那些关于卢克雷齐娅·博尔贾的谣言和丑闻。她是教皇亚历山大六世的私生女，出生于 1480 年。还有罗马第一位皇帝奥古斯都的妻子利维娅，据说她花了 14 年用无花果毒死了奥古斯都。

那么，什么是毒药呢？它与毒素或毒液有什么区别？其实，它们都会危害人们的健康，有时甚至是致命的。毒药是个笼统的词，它包括任何能够改变身体正常功能的化学物质。无机物如砷元素或化合物如氰化钾，都是致命的毒药；蛇、蝎子和蜘蛛等动物所释放的有毒物质被称为毒液，它们的化学成分非常复杂；大多数植物、细菌和真菌所产生的有毒物质则被称为毒素。然而可笑的是，适量地摄取毒液和毒素是有益健康的，当摄取量过高时才会危害健康。比如毛地黄毒苷，它是一种强心苷，最初从毛地黄中提取出来。毛地黄属植物能够产生多种致命的强心苷和强心甾。在适当的剂量下，毛地黄毒苷能够调节心率，但在不受控制的大剂量下，则具有致死风险，它会导致服用者出现心动过缓或心跳加速、恶心、意识混乱等症状，有时甚至会导致服用者出现幻觉。这表明，在药物相对原始、毒理学尚未出现的年代，凶手能够通过毛地黄来进行谋杀。法医即便进行检查，也只能诊断出受害者是死于某种心脏衰竭。遍布地中海的粉白相间的灌木夹竹桃中也含有类似的化合物，只要吃一片叶子，就能引起心脏骤停。

许多植物进化出的毒素似乎是为了抵御动物，尤其是为了防御那些在植物周围爬行和掠过的成群昆虫。在这些毒素中，萜烯类化合物发挥了主要作用。漆酚是萜烯类化合物中的一种，毒葛中就含有它。大苦艾中的侧柏酮也是萜烯类化合物，它具有致幻作用。苦艾酒的基本成分就是大苦艾，在巴黎的"美好时代"，人们纵情畅饮着它。虽然苦艾酒会导致失明和一些疯狂的行为，但凡·高、高更、詹姆斯·乔伊斯、图卢兹·罗特列克、毕加索、奥斯卡·王尔德、普鲁斯特、埃德加·爱伦·坡、拜伦勋爵、欧内斯特·海明威以及最引人注目的萨尔瓦多·达利，这些才华横溢的艺术家都对它青睐有加。这不禁让人们怀疑，侧柏酮是否在激发艺术的创造力和表现力方面发挥了作用。当然，对我们来说，这些艺术家产生的一些想法和创造的一些形象是非常疯狂的。有些艺术家的作品，无论是从视觉上、书面上，还是从音乐上来讲，都超出了我的认知范围。我们中的许多人都有一些深藏内心的愿景和想法，但它们都被牢牢地束缚在理性思维下。纵观历史，那些富有创造力的知识分子很可能通过植物毒素来释放他们内心的那份不羁，让我们这些有节制的普通人得以窥探他们的内心世界。萜烯类化合物还能在其他方面提高我们的生活质量。另外，我们所熟悉的桉树油、樟脑、松节油、生姜、肉桂和无处不在的大麻素，都与早期的阿尔茨海默病和精神分裂症有关。即便如此，许多人仍然非常渴望大麻，一些富有创造力的人也承认自己依赖大麻。

自然产生的毒物和毒素的主要成分是生物碱，它是由细菌、真菌和植物产生的，甚至一些动物体内也含有此物质，比如毒蛙和蟾蜍。这些两栖动物以蚂蚁为食，并从它们身上获取毒液。据推测，蚂蚁可能是从植物中获取毒液的。青蛙通过植物获得毒素的进化优势令人震惊。

真菌产生的化合物多到令人眼花缭乱，其中有些是有毒的，有些则是对我们有益的。许多抗生素都源于真菌，它们可以有效杀死细菌，从而防止细菌出现在真菌体内，与自己争夺养分。如果没有真菌，那么几乎所有的动植物都将无法生存，因为它们是动植物获得食物的基本途径，而且我们所食用的大多数食物的生产过程也离不开它们。但要注意的是，很多鹅膏菌属伞菌都含有剧毒，误食之后根本没有救治的希望。"毁灭天使"（英国的鳞柄白鹅膏和美国的双孢鹅膏）及"死亡帽"（鬼笔鹅膏），由于它们形似食用菌，所以特别危险。而恺撒蘑菇（橙盖鹅膏）则是既安全又美味的，很多人都爱吃。在欧洲和美国，95% 的蘑菇致死事件都是因误食伞形毒菌而造成的，其中，因误食鬼笔鹅膏而致死的人数占到了总死亡人数的 50%。

真菌中毒的问题在于，中毒症状在6~15小时内不会出现，而有些物种，其中毒症状甚至在一周或更长时间后才出现。到了那时，一切都晚了，根本就来不及救治，只能静候死亡的降临。如此看来，真菌似乎是完美的作案工具。很容易想象，在过去，植物和真菌是用于达到邪恶目的的毒物的丰富来源。罗马皇帝克劳迪斯的第四任妻子阿格里皮娜用她的家庭传统——在食物里投毒，毒死了她的丈夫。根据他死亡时痛苦的细节，她可能是用毒蘑菇作案的，此蘑菇有可能是杯伞属或丝盖伞属，它们的毒蝇碱含量最高。

就现代社会而言，虽然故意投毒很少见，但不经意间中毒的风险仍无处不在。铁杉植物（毒芹）中含有毒芹碱，一旦误服微量毒芹碱，它就会抑制身体中神经肌肉的连接工作，其症状为先是出现双腿麻痹，然后麻痹感通过身体向上蔓延直达肺部，最后因呼吸麻痹而死。我想，当时的苏格拉底一定死得很惨。

虽然投毒不再是现代谋杀案中常用的手段，但在毒物检测失败的情况下，法医生态学家还是需要对植物和真菌的遗骸进行检查。有些毒素会对身体产生毁灭性的影响，而有些则具有致幻效果，甚至具有娱乐作用。从史前时代起，植物和真菌就因其致幻作用而备受重视。

在受欢迎的电视节目中，法医人员几乎无所不能，总能在尸检过程中发现神秘的化合物——故事的中心线索，从而破解所有的难题。然而事实并非如此，即使是在科技发达的现在，毒理学在识别毒素方面仍然是完全无能为力的，也仅能在分析人员知道可疑物的前提下才能发挥作用。这一点值得深思。虽然有先进的分析技术，

但想要比较成千上万种未知物质的化学结构，这需要非常大的参考
样品库。如果涉及植物或真菌的组织或孢子，那么通过显微镜直接
观察可以成功地确定毒素的可能来源，但使用显微镜的专家必须是
那些经验丰富的植物学家或真菌学家，而现在这些专家的数量正在
减少。

　　古代文明及那些现在生活在热带雨林中的土著部落，已经拥有
丰富的关于他们周围的植物学和真菌学的详细知识。从森林里采集
具有致幻特性的真菌和植物仍然是他们正常生活的一部分，这些植
物在维持部落的凝聚力和结构方面扮演着重要的角色。虽然很多植
物都有毒，但上古时代的长老、巫医和巫师对植物的浓度和组合方式
进行了不断的优化，不良影响似乎已经降到了最低。将不同热带植
物的叶、茎甚至根混合在一起进行酿造，得到的液体可以强化人的
意识，赋予人们幸福感、愉悦感，从而引出宗教体验。这点很好理
解，某些土著人在毒素的安全剂量和特定经历发生时需要混合哪些
物种方面有着丰富的知识。但是你能想象一位来自约克郡的木匠，
或是一位来自吉尔福德的汽车销售员成为一名萨满吗？他们有足够
的能力吗？虽然这令人惊讶，但在英国（可能其他地方也一样），
一些人通过向志同道合的人提供致幻物质来增加收入。

　　一天下午，一名非常兴奋的警察给我打来电话，他告诉我，在
2008 年夏天的一个晚上，他拘留了一名男子，这名男子曾举行过一
个萨满教仪式，并与 16 人分享了一种奇异的饮料。大多数人喝完之
后都感到非常愉悦，只有一个年轻人觉得非常焦躁不安，然后开始

暴跳如雷。

萨满酿造的酒被称为"死藤水"，南美洲的土著居民已经以各种形式饮用了几个世纪甚至几千年，它具有祛病、致幻的作用，让人产生灵魂出窍的感觉。死藤水通常是由两种热带雨林攀缘植物浸泡而成的，它们和热带雨林中的许多其他攀缘植物一样，虽然没有亲缘关系，但看起来很相似。这些饮料中都含有卡皮木，根据萨满想获得的不同药效，其中还会包含一些其他植物。但是通常情况下，这种混合物中都会加入绿九节，这是本案中死藤水的配方。

卡皮木中含有生物碱，它可以抑制肠道内分解血清素（快乐激素）的酶的活性。这些抑制剂被称为骆驼蓬总碱——去氢骆驼蓬碱、二氢骆驼蓬碱和四氢哈尔明碱。我们体内的血清素能让我们保持好心情，提升我们的幸福感，增加我们的食欲，提高我们的记忆力，并保证我们的睡眠质量。如果我们患了临床抑郁症，那么这有可能是我们的身体对这种激素的过度清除造成的。一些抗抑郁药物通过阻止自然产生的血清素被清除来发挥药效，从而提高大脑中血清素的水平。

绿九节是死藤水中的另一种植物，提供了活跃的精神活性成分——二甲基色胺。它是一种化合物，能让人感受到灵魂出窍和其他不寻常的感觉。它在骆驼蓬总碱的帮助下免受肠道内酶的破坏。这种混合物中肯定存在酶的抑制剂，否则植物中的活性物质将在肠道内失活，无法进入血液并穿透血脑屏障。传统的萨满巫师可能会用荒诞的理由来解释这种灵魂出窍的体验，但事实上是二甲基色胺对大脑的影响导致了这种超自然的幻觉，而此时突然起作用的血清素是参与者感到愉悦的原因。

二甲基色胺是 A 类致幻剂，其效果比麦角酰二乙胺和迷幻蘑菇都强。这意味着对其私藏、买卖或赠予都是非法行为，私藏的最高刑罚是判处七年监禁。这对在英国绿树成荫的乡村小镇上举行萨满活动的人来说是个严重的惩罚。

在那个命运多舛的 2008 年夏天，那个可怜的年轻人在经历了惨痛的折磨后失去了生命。一开始，萨满为他和他的朋友们准备了死藤水，并沿用了以前的配方。但这个信徒的幻觉似乎和其他人的幻觉不同，他不断地吼叫咆哮，当他的朋友们把他从仪式上带下来让他冷静一下时，他又陷入了昏迷状态。就这样过了四天四夜，在这段时间里，他的身体似乎还能运转——不过也已经残败不堪了。由于无法控制肌肉，他开始大小便失禁，他的朋友们用尿布把他裹起来，尽量让他保持干净并感觉舒适。

土著居民可能认为，呕吐和腹泻是死藤水仪式上必然且受欢迎的结果。萨满将酿制的酒分发给居民，希望达到特定的目的——通过幻觉来驱除恶魔、净化心灵。这种混合物也能净化肠道，驱除里面的寄生虫。因此，土著居民祈求通过腹泻和呕吐来保持身体健康，但那个死去的年轻人并没有从服用死藤水中得到任何好处。在他死后，朋友们别无他法，只能报警。

在和警察的对话中，我第一次听说了死藤水。这样匪夷所思的案件，警察并不是每天都会碰到，所以逮捕萨满的新奇感显然也给他留下了深刻的印象。他已经送出了样品，并进行了二甲基色胺的检测，其结果为阳性。但造成这个年轻人死亡的原因无法确定。当晚，他和另外 15 个人一起喝了死藤水，别人却没有明显的不良反应。警方只知道他体内有二甲基色胺，但毫无疑问，如果对其他人也进行检测的话，那么他们体内肯定也存在二甲基色胺。因此，现在我们面临的问题是：为什么是他？为什么这个年轻人死了而他的朋友们却没有什么异常？是不是有其他原因导致了他的死亡？

当我被要求参与这个案子的时候，警察已经取得了一些进展。这群郁闷的仪式参与者承认，死者经常食用迷幻蘑菇，警察还在死者的房间里发现了各种各样的烧瓶、一个饼干罐和一个塑料容器，在他卧室的抽屉里甚至发现了一个完整的干蘑菇。他留着蘑菇要干什么？这些容器和瓶子里装的是什么？这是否在某种程度上导致了他的死亡？

我的任务是回答这些问题。

我的丈夫戴维一看到真菌就忍不住开始鉴定，以解开谜团。他说那个干蘑菇为光盖伞，并通过显微镜检查了蘑菇的孢子，最终证实了这一判断。这是一种最常见的迷幻蘑菇，经常出现在我家后院的草坪上。它们是一种小型的褐色蘑菇，大多数人很难精确地识别它们（尽管那些想要使用它们的人似乎是有能力的）。

我也有办法知道这些容器里装的是什么。作为一名环境考古学家，我最成功的一件事就是在科尔切斯特的坟墓里，发现了 2000 多年前与德鲁伊医生埋葬在一起的一个滤酒器，里面含有一种由艾蒿制成的混合物。艾蒿是一种常见的荒野杂草，它与苦艾具有亲缘关系，长期以来被用作草药。艾蒿与苦艾中含有大量的生物碱、单萜和许多其他化合物，它们具有药用价值。人类和家畜会服用艾蒿茶，麻痹肠道寄生虫，并将它们排出肠道。在过去，人们的肠道里往往含有寄生虫，研究人员在古代厕所的沉积物中经常发现线虫虫卵。通过现场数据和实验室分析可以看出，这位科尔切斯特铁器时代的医生一直用艾蒿炮制的草药来治疗他的病人，比如寄生虫感染和细菌感染。由于植物特有的苦味，医生不得不往药里加入蜂蜜。这点很清楚，因为虽然过滤器里偶尔有谷物、草或杂草的花粉（也包含了大量的艾蒿花粉），但剩下的花粉都来自"蜜蜂植物"。蜜蜂植物的花粉不会进入空气，也不会传播到离母体花朵很远的地方，因此，它们偶然出现的概率非常小。另外，蜂蜜中含有大量的植物花粉，蜜蜂被植物的花粉吸引是因为它们有丰富的花蜜。

为了弄清死者的瓶子里究竟藏着什么，我开始按照处理过滤器的方法来处理瓶子。一个空瓶子的瓶颈上挂着干涸的液体，我简单地把它洗了下来，然后就遵照惯例开始处理样品，并通过显微镜进行检查。看到结果后，我感到震惊，一个烧瓶里装着高浓度的大麻花粉和薄荷花粉，这看起来好像是把大麻和薄荷混合在一起做成了饮料。另一个烧瓶里装着密密麻麻的蘑菇孢子，这看起来像是真菌已经准备好被吃掉了。卧室抽屉的检查结果也非常有趣，里面不仅有大量的光盖伞孢子，而且根据花粉图谱，这些蘑菇很可能来自林地附近的草地。

我的调查结果显示，这个年轻人不仅喜欢参加死藤水仪式，而且沉迷于大麻和迷幻蘑菇。但这些行为是否造成了他的死亡呢？我们并不知道某些药物同时服用会对身体造成什么影响。但我们知道，在某些个体中，混合使用烟草和大麻可以诱发精神疾病。我们也知道，喝酒可以进一步加快二甲基色胺在血液中的传递速度，降低血脑屏障阻力。但还有很多其他药物，无论是天然的还是人工合成的，我们并不清楚它们之间的相互作用。

调查死者的死因非常重要。现在，萨满因涉嫌过失杀人而被捕，他的未来岌岌可危。如果男子的胃里只有死藤水，而又没有其他证据，警方只能断定死者死于死藤水，萨满就将为此付出代价。另外，如果死者自己吃了什么别的东西———一些能够与死藤水相互作用的东西，那么，萨满面临的指控将会减少，他的处境也就不会那么危险。

在这种情况下，提出任何结论都为时过早。我的问题既不是道德问题，也不是法律问题。萨满是否会因为谋杀、过失杀人或其他较轻的指控被起诉，这对我来说并不重要。无论何时，我都应该解决具体的问题，比如谁什么时候在哪里做了什么事情（时间、地点、人物、事情），即需要为具体的问题提供精确的答案。我们可以在死者的胃中找到这些答案。

在做尸检时，病理学家通常会对胃内容物进行取样。但是在大多数情况下，我对这种取样方式感到困惑。一些病理学家只是简单地把勺子放进胃里，然后就认为勺子上的东西代表了胃内容物。但是在我看来，这种方法是完全不可取的。首先，人的胃内容物分布并不均匀，这样的收集方法会将关键的证据遗留在胃里。如果死者的死亡时间与就餐时间间隔较长，那么我们将采集不到任何样品，但如果死者的胃内容物很多，那么我们应该进行全面的研究。

在这个案件中，病理学家肯定已经对死者的胃内容物进行了取样。现在，我面前就放着一瓶来自停尸间内死者的胃内容物，里面装满了不透明的黄色液体，且表面漂浮着一层小的脂肪球。黄色的液体闻起来有股很浓的橘子味，死者朋友曾说他在死者昏迷的时候给他喂过橙汁以维持他的生命，这证实了他的说法。这就是故事的开始，当我拿到这些黄色液体时，就知道自己不会从里面筛选出什么有用的线索。事实上，死者在昏迷的那 4 天里，仍在继续排便，这表明肠道一直在蠕动——消化道肌肉的波状收缩迫使食物向下运动。这对我来说很明显，他在死藤水仪式上或之前吃过或喝过的任何东西，在仪式结束后的 4 天里都沉在了他的下腹部。如果想知道他究竟吃了什么，那么我需要检查一下他的消化道下端。

"我需要一份来自回肠（小肠的一部分，大约 3 米长，在小肠和结肠之间）的样品，"我说道，"请再给我一份近端结肠、远端结肠及直肠的样品，可以吗？"

我费了一番工夫才说服了病理学家，让他把我要的肠道样品拿给我，但最终我也只收到了 6 个样品——4 个回肠样品，1 个升结肠样品，1 个横结肠样品。为了充分利用这些样品，我制订了一个标准计划，并在显微镜下观察它们。

毫无疑问，死者已经很久没有吃东西了，这也许是因为在进行萨满仪式前需要斋戒。他的消化道几乎已经排空，胃内只有橙汁，小肠里则什么也没有。当我开始观察结肠时才恍然大悟——里面有很多东西值得检查。

起初我只看到了一颗小橘核，这点不足为奇，因为他的朋友们为了救他，给他喝了大量的橙汁。但后来，我就在里面发现了我所期待的东西——大量的迷幻蘑菇孢子和大麻花粉。因为它们更接近直肠，所以在横结肠中的数量比升结肠中的更丰富。这表明，死者除服用了死藤水中的二甲基色胺及大麻中的大麻素外，还喝了烧瓶里的迷幻蘑菇"茶"。在肠道中，迷幻蘑菇会分解为二甲-4-羟色胺，它是迷幻蘑菇中的致幻成分。我还在里面还发现了鸡尾酒！这似乎已经足够让人震惊了，但我接下来的发现又为死者的经历增添了一笔——我在死者体内发现的种子数量令人惊讶，其中包含了大量的罂粟种子。

曾有面包师用罂粟种子制作面包和面包卷。也许你还记得一个备受欢迎的调查类电视节目，节目有次对著名记者和电视节目主持人安杰拉·里彭进行了测试。具体情况是这样的，有位发电厂工人在一次体检中被检测出血液里含有阿片类物质，因此被解雇了。但他辩称自己是无辜的，并认为这些阿片类物质来自含有罂粟种子的面包。该节目就是要测试这个假设，即食用这种面包，人们的血液中会出现这种可检测到的阿片类物质。安杰拉·里彭吃了3天含有罂粟种子的面包，然后节目对她的血液进行了分析，最终确定这个假设是真的。罂粟种子里的阿片类物质含量非常少，当然，吃得越多，吸收得也就越多。事实上，罂粟种子中的阿片类物质含量取决于植物的生长条件和收割方式。但毫无疑问，只要吃了罂粟种子，体内就会存在阿片类物质。通常情况下，每克罂粟种子中含有 0.5~10 微克的吗啡，而医生的处方剂量中吗啡的含量则在 5000~30000 微克。然而，对于世界反兴奋剂机构认可的实验室来说，如果运动员尿液中的吗啡含量超过每毫升 1.3 微克，那么他的检测结果很可能是吗啡阳性。毋庸置疑，含有罂粟种子的面包对该机构来讲是个问题。对广大的工作人员来讲，它同样是个问题，美国当局已经将吗啡检测线提高到了每毫升 2 微克。

死者的结肠里有很多罂粟种子，整个案件的真相似乎慢慢地浮出了水面。我想故事可能是这样的：在举行死藤水仪式之前，死者先是服用了自制的大麻和薄荷茶混合的饮料，然后又喝了迷幻蘑菇汤。但他并没有满足，随后又吃了大量的罂粟种子，然后去参加了萨满仪式，在仪式上又享用了死藤水。当他端着装有死藤水的杯子，把它放在唇边时，他并没有意识到自己的体内已经聚积了大量的毒素。这些毒素不仅种类繁多而且含量很高，因此，死藤水成了他清醒时的最后一餐。

一些来自北欧的法医毒理学的同行曾告诉我，吃大量罂粟种子的做法在欧洲越来越盛行。我的生活既忙碌又充实，根本无暇思考甚至渴望那种灵魂出窍的感觉。也许仅仅是因为它所带来的严重后果让我不敢尝试。有些人为了体验那种没有化学诱导就不可能达到的感觉不惜吸毒，这种做法让我感到匪夷所思，也感到非常困惑。他们仅仅是为了摆脱平凡和世俗，就心甘情愿地沉溺于致幻剂中无法自拔，比如那些常吃的生物碱（咖啡因、尼古丁、可卡因、海洛因和吗啡），虽然我在头痛的时候偶尔也会吃几片可卡因。

据说，二甲基色胺能迅速地将食用者带入一个魔幻世界。食用者需要很长的时间才能从幻境中走出来，而且如果食用者有精神疾病，那么他的病情将会加重。沉溺于它的人说，他们常常能回想起当时的情景，毫无疑问，二甲基色胺能够改变食用者的思维，而且对大脑的作用时间很长。这些食用者中有些说曾看到过上帝；有些说曾拜访过外星世界，并与外星人进行过交流。他们的一个普遍经历是，能够用一种陌生的语言和猫头鹰交流，然而其他人则说自己"去了地狱"。

人们会在死后根据生前的所作所为接受来自神的审判，这是宗教中的一个普遍概念。纵观历史，在艺术家们的描述中，地狱非常可怕，是一个永恒的痛苦之地。希罗尼穆斯·博斯和勃鲁盖尔的画作描绘了地狱中那种混乱不堪的景象。不过，谁也说不准他们的想象是不是在某种化学药剂的影响下产生的。后来，超现实主义艺术家的一些同样类型的作品也非常魔幻，这可能是在苦艾酒或其他致幻剂的启发下创作的。理性的人并不会认真地对待地狱和诅咒，这是有意义的。我认为每个人的地狱都是独一无二的，由令他们自己感到不安的恐惧事物组成。那个在死藤水仪式上因寻求刺激、振奋或幻想而死去的年轻人，可能在激动和狂躁的时候陷入了自己的地狱。但当他的朋友们束缚着他，保证他的安全时，他又在自身周围看到了什么幻觉？他不断吼叫咆哮，这可能表明他很痛苦，但朋友们再怎么关心他，也无法抵消各种植物和真菌毒素对他大脑的影响。毕竟，我们只是一部行走的化学机器。

死藤水中的二甲基色胺很可能是导致年轻人死亡的混合物中的一种重要的物质，但他体内还有很多不同种类的花粉、孢子及致幻植物的种子，很难把导致他死亡的责任完全归结于萨满。最后法庭判决萨满的罪行仅仅是持有 A 类致幻剂。因此，他被判了很短时间的监禁，没多久就出狱了。最近我听到的消息是，他还在举行死藤水仪式，还在调配他的致幻酒，依旧服务于那些试图打开通往"另一个世界"大门的人。

人们不顾一切地摆脱现实世界，而去追求一个不存在的虚拟世界，这在我看来很可悲。也许有人认为，我们所拥有的这个现实世界——充满自然之美，充满我们能看到和不能看到的东西——不足以让他们心动。而且，我知道我永远也不会下无论是虚拟的还是以其他形式存在的地狱。死亡正在向我们逼近，包括你、我、他。因此，我们先学会珍惜现在的美好生活吧。

·第十三章
植物可以提供重要线索

我向警方出示了一份调查报告，虽然报告在某些方面还有缺陷，但它清楚地显示出，主要嫌疑人的几名同伙所穿的鞋子，要么到过犯罪现场，要么去过某个类似的地方。那辆车的脚垫和脚踏板上沾满了他们从树林里带回来的生物的痕迹，正是这辆车把受害者送到了死亡之地。

新年那天吃完晚餐后，我放弃了戒酒，端着一杯酒在沙发上坐了下来，然后把米奇放在腿上，并拿了份当天晚上的电视节目单。这时，客厅的电话忽然响了起来。

"你好，帕特，新年快乐！我们需要你的帮助，明天早上6点你能到总部来一趟吗？"

他是赫特福德郡警察局的道格·贝恩，一名资深的犯罪现场调查员。

"你能联系各类专家，然后组成一个专家组吗？我想明早6点见到你——我们在树林里发现了一具骷髅。"

同样老套的故事，报案人在遛狗时发现了受害者。这种事经常发生在那些早起的倒霉蛋身上。选择合适的人做这份工作很容易，幸运的是，通过快速的电话确认，他们都有时间参与这起案件。

第二天早上，由于M25公路上几乎没车，所以我在1小时内就赶到了韦林花园城的警察总部。我前一晚没睡好，感觉有点头昏眼花，但不得不打起精神，让自己看起来精神抖擞、充满热情。在我们前往现场取证之前，我已经了解了简报中的细节。

"我一直在听你的课，帕特。待会儿我们的采样顺序是这样的：你先进去，接着是昆虫学家，然后是考古学家，最后是其他的法医学家和病理学家。"

我们为了从植物、土壤、动物、真菌、被破坏的植被和足迹中获得最有效的证据而制定了这个完美的采样顺序。通过这个策略，我可以保证所有类型的潜在证据都会被保留，每一位专家都能获得尽可能多的信息。枯黄的枝叶像地毯一样覆盖在林地上，当我们踩在上面时，它就会发出嘎吱嘎吱的声音。我们穿过林地后沿着陡峭的河岸滑了下来，然后看见一条小溪沿着山谷的底部蜿蜒流淌，它被小岛分成两条更小的溪流，并在小岛的另一边重新汇合。岛中央的那座异常整洁的坟墓显得很特别，我们这些研究被掩埋的遗骸的人都知道，罪犯精心挑选了这个地方，以便轻松地再次找到它。正如我之前所述，凶手常常会再次回到埋尸地，或许是为了检查，或许是为了回味当时的快感。为了标记埋尸地，他们可能会在上面放一根木头，或者将尸体埋在独特的地标附近。在本案中，小岛就是那个独特的地标。

我独自穿过小溪走向了小岛。当时的情景深深地印入了我的脑海。苍白的脚骨从浅泥浆里伸了出来，骷髅上的空眼窝正盯着它的肚子应该在的泥坑，蛆虫和其他食腐动物把死者的骨头剔得一干二净。只有我一个人看到了这残忍的一幕，其他人都在小溪对面，在那里跺着脚取暖、抽着烟、笑着聊天、吃着巧克力。

传统的法医和病理学家认为，在犯罪现场，他们的工作才是最重要的，但是我教育这些警察，如果他们再这样墨守成规，就会失去一些宝贵的线索。毕竟，死者已经腐烂得只剩骨架了，不再需要病理学家来确认他是否已经死亡了。英国对于病理学家宣布死亡可能有一定的法定要求，但他完全不需要第一个到达墓地——除非他不会破坏那些隐藏在环境中的重要线索。

天气特别冷，我穿了好多层衣服，特卫强套装将我包裹得严严实实，让我很难轻松移动。天气实在太冷了，我的鼻涕和眼泪止不住地流下来，手套里的手指都冻僵了，连手帕都拿不出来。我感觉非常不舒服。

大家都想知道的第一个问题就是：尸体究竟在这里埋了多久？在这种情况下，我们能够通过植物得到第一线索。小岛上遍布着欧洲蕨，凶手在挖坟的时候破坏了一片欧洲蕨，因此我们应该仔细检查一下这片植物。我在离坟墓不远的地方，挖开了受损欧洲蕨周围的土，直到挖到其地下的茎。虽然它们的叶子已经被破坏了，但那些处在休眠期的嫩芽会逐渐长成新叶。与沿茎生长的其他嫩芽相比，这些嫩芽已经膨胀变大了。

我在土壤中还发现了欧洲蕨叶子的小碎片。我不得不承认，叶绿素真是一种神奇的分子。当叶子从活着的植物上掉下来时，叶绿素需要很长时间才能降解掉，因此新鲜的叶子能在土壤中维持好几个月的绿色。这就是我们现在所面临的情况。根据地下茎上的嫩芽和土壤里的绿叶碎片，我确信，叶子是在去年夏天的某个时候受到损害的——肯定是在初秋之前，因为初秋时期，欧洲蕨的叶子已经开始变黄。

我扶着膝盖，摇摇晃晃地站了起来，对着那边等待的人群喊道："我敢肯定，这个坟是夏末的时候挖的。"那边响起了一阵虚假的欢呼声。在破案过程中，重要的线索之一就是案发时间和日期。调查人员可以通过它们来排查嫌疑人的不在场证明。

接着我开始收集对照样品，其范围包括埋尸地及坟墓周围的土壤、凶手可能走过的路径。如果幸运的话，我就可以从对照样品中获取孢粉图谱，然后再将它与从嫌疑人的鞋子、车辆和工具中采集的样品进行比对。考虑到一片蕨类植物的叶子在一个季节内就可以产生 3000 万个孢子，我希望这种植物能为破案提供重要的线索。

我戴好了面罩，然后再去坟墓里取样。这是因为在采样过程中，法医的呼吸、咳嗽、喷嚏都有可能将自己的 DNA 溅到尸体上，也有可能将自己的头发留在坟墓里。法医在检查过程中要"全副武装"，这不仅保护了现场免受人类污染，还可以防止法医从尸体上沾到脏东西。而我现在已经全副武装，与一切隔离，可以开始工作了。我将样品清理干净，把它们分别放在各自的塑料袋里。我罗列出了我能找到的所有植物，为我认为与案件相关的每件东西拍照，并为所有的样品贴上精准的标签。这些工作似乎花费了一个世纪的时间，因为我那双手套里的手已经僵硬了。

"我的工作完成了，伙计们，过来吧。"我对彼得·墨菲和卢克·巴伯喊道。

彼得和我都是环境考古学家，他在东英吉利大学工作，而卢克则在伦敦大学学院的下属单位——萨塞克斯考古队工作。我们一起蹲了下来，他们很快移走了坟墓上的覆盖物，并向我们所有人展示了一个巨大的惊喜。

当他们刮掉表层泥浆，露出下面结实的泥土时，我倒吸了一口气。

"我错了，这不是夏天挖的坟墓！"

在秋天或冬天的时候，凶手又将这个坟重填了一遍，因此它并不是夏天挖的。当我意识到这点时，不由得做了个鬼脸。这点显而易见，因为坟墓里有很多棕色的落叶，与小溪对岸的枯叶一模一样，它们现在正被其他队员漫无目的地踩在脚下、踢来踢去。夏季的土壤里可能含有一些绿色的树叶和碎片，肯定不会有这么多棕色的枯叶碎片。我怎么会错得这么离谱呢？这个坟墓究竟是在今年冬天还是在去年冬天被重填的呢？死者看起来已经被埋在土里很久了，这些枯叶可能是去年的。欧洲蕨的茎也给我们留下了谜题。我弯下身子，仔细检查坟墓，精准选择对照样品，并迅速把它们铲走。

考古学家和生物学家对土壤的看法不同。在挖掘的过程中，考古学家根据垂直方向上每层土壤的颜色和质地变化来描述故事"背景"，每层土壤都能直接或间接地记录人类的活动。生物学家则会从水平方向来考虑自然变化过程。这两种不同的分析方法在各自的研究领域都能发挥出最好的作用。在本案中，虽然那些被重新填回的土里包含了很多东西，但我们可以对它们进行分析，并从它们与底层"自然"土的不同之处中收集证据。考古学家和科学家已经预先适应了法医工作，他们的"第二天性"就是仔细地定时、定位、测量和记录每件物品和每个印记。我们把在犯罪现场所观察到的那些疑点都一一记录在笔记本上，然而痛苦的工作就是从湿漉漉、布满泥浆的笔记本上破译这些杂乱无章的笔记。这些笔记在墓地里是很清晰的，但在办公室里可能就会变得模糊不清，无法一一串联起来。

随着挖掘工作的不断进行，尸体渐渐暴露出来，我们都被眼前的景象吓了一跳。前面提到，我们先发现的是从泥浆中伸出的头骨和脚骨，上面的皮肉已经被蛆虫、鸟类和啮齿动物啃食得干干净净。这让我们误以为死者已经被埋在这里很久了。这里几乎没有大型食腐动物出没的痕迹，因此我们都以为死者只剩下一具完整的骨架。

"噢，天哪！"彼得喊道。

泥铲下面那具肉又黏又白且保存完好的新鲜尸体就在他毫无防备的情况下映入了他的眼帘。他习惯于只看古老的骨头，而且对于挖掘者来说，这些骨头与其他人工制品差不多。相比之下，卢克就轻松很多，因为他曾挖过战争坟墓。我们对视了一眼，向可怜的彼得投去了同情的目光。

我已经收集了坟墓里混合的土壤样品和坟墓周边的地表样品。埋尸者肯定会沾染上这里的土壤，而土壤里含有大量的影响宣判的痕量证据。经过几小时的奋力拼搏，我们终于把整个尸体挖了出来，法医小组的其他成员终于可以进入警戒线内来收集他们所需的证据了。最后，病理学家进行了死亡宣判。

殡仪馆的送葬人员来了。你可能会对他们的到来感到惊讶，事实上，无论犯罪现场在哪里，他们都会到达，并把死者的遗体运回停尸间。现在，那3个衣着正式的男人——身穿黑西装和白衬衫，搭配着领带，蹬着闪亮的鞋子——正沿着陡峭的河岸向下滑，虽然场面有点滑稽，但他们依旧维护着自己的形象，保持着对死者的尊重。

沉默的送葬人员将尸体装进袋子里，然后手忙脚乱地把它抬上了陡峭的河岸。尸体被带走后，河对岸的警察和其他人都松了口气，有些人甚至感到很开心，因为终于能去温暖的停尸间待会儿了。

以前犯罪现场是这样处理的：先是警察尽最大努力挖出尸体，然后殡仪馆的送葬人员带走尸体，最后法医团队出于各种各样的目的开始采集样品。但是现在，案件的处理方式发生了巨大的变化。犯罪现场是获取罪犯遗留下来的重要证据的宝贵场所，必须对它进行彻底搜查和全面梳理。警方必须聘请考古学家，利用他们那种细致入微的记录方式来挖出死者的遗体。而考古学家一直坚持揭露墓穴的原始切入口，现在尸体被抬走了，彼得和卢克一直不停地工作，试图找到它。坟墓的底部会保留挖掘者留下的痕迹，比如脚印和工具，我们可以测量这些痕迹，然后将结果与从最终的犯罪嫌疑人处所获得的痕迹进行比对。

他们不断挖掘，最终揭露了一件非常可怕的事情。虽然他们还没有挖到坟墓底部，但尸体下面的土壤里根本没有落叶。这意味着我说对了——坟墓肯定是夏天挖的，但又被重新填好了。过了一段时间，当树叶落满地面时，凶手又把它挖开了，但这次并没有挖到坟墓底部。凶手将死者埋在新挖的洞里，但在填埋的过程中，土壤里混入了当季的落叶。这是一起预谋杀人案，凶手在决定杀死受害者时挖了第一个坟墓。

　　警察记录和拍下了所有的一切，我们也对自己的工作感到满意，然后一起离开了犯罪现场。沿着来时的路，我们先跳过小溪，再爬上光滑的河岸，虽然天气很冷，但大家都累得气喘吁吁、满头大汗。卢克回到了萨塞克斯，我和彼得则去了停尸间，因为那里的尸检工作已经开始了。像往常一样，我穿上了工作服，准备好了装备，却无事可做。尸体正面朝上——那场面真吓人。他并不是一具骨架，而是一个双手被反绑、身体几乎被保存完好的人。凶手将他埋在了土里，但大雨冲走了他脸上的泥土，食腐动物把他的脸、四肢和胸部啃得一干二净。寒冷而又潮湿的天气使他的尸体保存得非常完好，我们甚至在他手上得到了一套完美的指纹。虽然我们很早就开始工作了，但直到下午 3 点，国家自动指纹识别服务系统才确认了他的身份。如果数据库中存在与之匹配的信息，那么我们大约 15 分钟后就能得到结果。系统给出了一个与信息相匹配的人选——那是一名已知的罪犯。他居住在伦敦，是位年轻的、合法的阿尔巴尼亚移民。

　　受害者的死因很明显，他的胸部存在致命刀伤。警察通过紧张的工作，迅速查明了他的家、同伴以及他被杀原因。我们看到了他的照片（英俊而富有活力的年轻人），这让我不禁思索，这么好的容貌和活力是如何在死后这么短的时间内改变的？事情是这样的，他的阿尔巴尼亚同伴是非法移民，而他为他们洗黑钱，最终被金钱诱惑了。这是常有的事。他并没有确保这些钱送往他们的家中，而是自己挥霍一空，度过了一段美好的时光。报复是有计划的，并不是他们愤怒之下的一时冲动。他们精心挑选了墓地，以便能轻易地再次找到它。它位于一座小岛上，溪水环绕着小岛，且穿过一片美丽的树林。对于凶手来说，这个小岛既偏远又安全，但他们忽略了无处不在的遛狗者。

我慢吞吞地走进更衣室，脱掉了那双不合脚的大靴子，重新穿上了暖和的运动裤和网球鞋，然后就开车回家了。一路上我播放着优美的乡村音乐和西部音乐，放松了紧绷的精神，也忘却了一天的悲伤。我在黑暗中离开，又在黑暗中回来。米奇在家里等着我，我们俩一起吃了晚饭——我吃了烤面包上的豆子，它吃了一些水煮鳟鱼。我漫不经心地想，除我的实地报告和关于坟墓地层学方面的解释之外，是否能提供些别的有利线索，但很快新的任务就来了。

几天后，电话铃响了。

"帕特，他的车回到了阿尔巴尼亚，凶手曾用它把尸体搬到了树林里。我们还在那伙人手里查到了许多鞋子和衣服，这些都可以供你们检查。"

"干得好，道格。我要尽快研究这些鞋子，然后将结果与从树林里的表层土壤中获得的样品做比对。"

"是的，我还想让你检查一下那辆车。"

"别傻了，道格。这辆车曾在欧洲各地行驶过，而且司机也一直在进进出出。"

"好吧，但我们想试试。"

我认为这很不现实。虽然我曾多次展示过孢粉学方面的证据的力量，但这个想法也太不切合实际了。我没有精力再去与他争辩。不久，法医科学服务中心的首席科学家彼得·兰姆和我一起飞到了意大利的米兰马尔彭萨机场。我们在那里转机，来到阿尔巴尼亚的首都地拉那。

当我们到达地拉那后，一名英国警官接待了我们，他是调查组的成员，已经在那里待了一段时间。他已经习惯了当地奢华的酒店服务，也熟悉了周围的环境。大家聚在一起有说有笑，但兰姆和我都很累，所以美美地吃了一顿后，我们就早早地回到各自的房间去休息了。

第二天，我们会见了"听命于我们"的阿尔巴尼亚警察，但他们让我们大开眼界。这些人看起来都很自大，除指定的一名翻译外，没人会说英语，而且我在第一次见面时就不喜欢这个翻译。他似乎很狡诈，而且我们很快就意识到，他完全有能力歪曲事实，从而方便自己。他们一开始是完全无视我的，当道格介绍我是环境检测的总负责人时，他们才看到我。我还记得他们那时的表情——非常惊讶，他们一定在想：这个身材娇小的女性竟然可以担任指挥工作，更不用说实验操作了。

兰姆检查了那辆车，希望能找到纤维、血液、DNA 或其他任何证据，让它们能与我们从嫌疑人身上和受害者身上采取的样品相匹配。另外，我需要土壤样品，以便将这些黑帮经常光顾的地方从赫特福德郡的林地中剔除。第一个地方是主要嫌疑人在伦敦的居住地，然后是其余同伙的地址。警察到达嫌疑人家后发现，卧室、客厅和棚屋里到处都是鞋子和衣服，这儿有一只鞋，那儿有一件夹克，所以警察只收集了那些他们觉得与案件相关的衣物。在这种情况下，案件分析起来比较困难，因为他们经常共用衣物。DNA 分析是确定这些衣物归谁所有的唯一方法。这就需要对鞋子的内部进行检查，我们可以根据 DNA 的不同来确定穿过鞋子的人都有谁。如果这些衣物的痕量证据与从埋尸地获得的证据相符，那么可以进行下一步的工作了。无奈的是，这伙人非常狡诈，他们的住处就像他们的衣物一样复杂。谁在什么时候住在哪里，就像一个谜题。如果非法移民犯罪了，那么这件事处理起来总是很困难，因为他们知道如何掩盖自己的行踪。在处理这些物品时，我们花费了大量的时间，所以，警察决定使用"奥卡姆剃刀原则"，将自己的注意力集中在汽车上。

我永远不会忘记阿尔巴尼亚的警局——它和监狱是同一个入口。这非常像吸血鬼德古拉电影里的恐怖场面，门很高大，上面还有门钉。打开大门后，里面是一个宽敞的院子，院子的一边堆着垃圾，另一边是个临时车库，停着一些车辆。那辆红色的车就停在里面。现在，我们必须完成社交礼节，然后再进行工作。他们将我领进了一间办公室（就在摇摇欲坠的车库旁），房间里都是身材高大的男人，他们弯着腰对我微笑，露出洁白的牙齿或镶金的假牙。房间里充满了大蒜味，熏得我喘不过气来。他们看起来绝对是外国人——长着又黑又重的胡子，但非常亲切。他们坚持向我展示了他们引以为傲的指纹系统。这个指纹系统采用了俄罗斯人的系统，一些英国军官认为这种系统要优于我们所使用的。这点我并不清楚，但还是让他们把我的指纹拍了下来，并等待他们向我展示从墨迹到图像的一系列过程，这非常有趣。

最后的结果是，我的指纹特别模糊，几乎看不到，这让他们大吃一惊。他们让翻译告诉我，我做的家务太多了，因此指纹都被磨平了。但是我知道，这可能与我日常接触了过多的清洁剂和漂白剂有很大关系，它们才是造成我的指纹消失的原因。指纹是独一无二的，虽然全世界的人口并没有全部进行测试，但人们从未发现过两套完全相同的指纹，即使同卵双胞胎的指纹也是不一样的。显然，遗传虽起了一定作用，但指纹的形成更多与胎儿时期的基底层细胞有关，它位于真皮和表皮之间。人们在生活中使用手指的方式，以及皮肤上众多的小伤疤，也在指纹的独特性中发挥了作用。

阿尔巴尼亚警察很少接触西方人，他们很热情地向我们展示了他们的工作。当我们穿过院子朝主楼走去的时候，我回头看了看身后，犯人们的胳膊从铁栅栏窗里伸了出来，头贴在上面使劲向下看，我想知道他们这样做的原因。此时门铃响了，大门打开，一大群人涌了进来，基本上都是衣着简单的妇女，偶尔有几个男人，他们手里提着装满衣服的篮子，匆匆地穿过院子，消失在大楼里。

"这是怎么啦？"我问翻译。

"现在是吃饭的时候。"

"什么？"

"这些罪犯的家人给他们带来了食物。"

"如果他们没有家人呢？"

他只是耸了耸肩，走向了主楼的大门。我们两个国家在犯人待遇方面的差距也太大了。

我们走到了院子的另一头，进入了一个没有窗户的大房间。房间里面的长桌上摆满了枪，我从未见过这么大的阵仗。这些枪都是他们在打击犯罪活动的时候收缴上来的，看上去既残暴又可怕。枪会把死亡带到我们安逸的生活中，这非常令人不安。一个又高又瘦、有些驼背的男人详细地为我讲解了每件武器，然后再由翻译生硬地传递给我，我很有礼貌地听着。但事实上，对我来说，他讲的技术问题我根本听不懂，仅仅是左耳进右耳出。整个过程中，我就像个机器人一样不时地点头，但出于礼貌，偶尔还是通过翻译提出一两个问题。我唯一知道的枪是卡拉什尼科夫冲锋枪，而这里有很多这种枪。当想象它们在不可避免的情况下被使用时，我感到不寒而栗。这些枪让我想起了一个蹩脚的笑话："英语就像一把卡拉什尼科夫冲锋枪。它会把你带到任何你想去的地方。"不过，在某种程度上，我认为这句话是对的。

桌子上的枪让我想起了我的祖父，他除和我可爱的、身形矮胖的威尔士外祖母在一起时比较爱说话外，和其他人都很少说话。我和他接触不多，只是礼貌地问候过他几句。虽然我的堂兄弟们都认为他脾气不好，但我发现他很有趣。当他收听广播的时候，谁都不许出声，我们每个人都像小老鼠一样蹑手蹑脚地走，生怕因发出一点声音而遭受他的责备。他去世后，没人在他的葬礼上哭泣，也没有人怀念他。后来我才知道，在第一次世界大战的时候，他曾担任过机枪手。对他而言，那肯定是一段非常糟糕的经历。我想那时，他一定是用老式的卡拉什尼科夫冲锋枪杀了很多人。可怜的人，他可能常常陷入沉思。我真希望现在还能有机会和他谈谈。那时候，我们只知道他是个演员，曾在英国上映的第一部电影里担任过角色。当然，那时播放的都是无声电影，他曾与一家小电影公司绕着威尔士山谷巡回演出，在帐篷里为大家放映电影。在当地，他以表演大盗迪克·特平而闻名。每当《大盗迪克·特平骑马去约克》的节目快要结束时，他都会别着破手枪，骑着一匹马，全副武装地登场——这是压轴表演。就是在这样的一场场表演中，他俘获了格拉迪斯·布洛德文的芳心，并在婚后开了间杂货铺。

当我们参观完那些骇人的武器后，又参观了文档分析部门。说实话，我并不想参观，因为当时我已经饿了，而且背部也开始隐隐作痛，但他们这次的讲解非常有趣。他们拿出了一些假文件，我们通过这些文件可以看出，诈骗犯们在伪造文件方面真的很有创造性。这些诈骗犯可能是艺术家或高级技术人员，也可能是微雕艺术家。不过，再狡猾的狐狸也逃不过猎人的眼睛，法医调查人员通常会领先一步。紧接着，他们向我们展示了如何通过显微镜来观察那些数字、字母和图片的变化，这令我印象深刻。

我非常想去工作，但兰姆仍在一丝不苟地检查着车上的角角落落。我后来得知，虽然他又在英国的实验室里工作了好几周，但最终还是没能找到死者、对照样品和车之间的任何联系。等他们讲完，我们的饥饿感越来越强烈，但还是没人将午饭送来，于是就有人出去买比萨了。当我坐在院子里的木箱上，正准备吃东西的时候，一只非常瘦的小猫走了过来，它后面还跟着好几只小猫。天啊，我最喜欢小猫了，它们就是我的软肋。我从比萨饼上拿起奶酪，小猫立刻感激地把它吞了下去。我又拿起一块喂给它，然后又给了它一些面包，我舔光了所有的番茄汁，这样就不会弄脏它了。不一会儿，小猫们几乎就消灭了我所有的午餐，只给我留下一些带着番茄汁的面包皮。那些阿尔巴尼亚警官十分惊讶地看着我，因此，我觉得阿尔巴尼亚人可能并不关心动物。这个认知让我有点伤感，我从来没有忘记过那些可怜的小猫。

最后终于轮到我来调查那辆车了。我仔细观察了一下，想在院子里的脚垫上采集到合适的样品非常困难，所以我让负责的工作人员把所有的脚垫都包好，并将证物都记录下来。我把离合器、油门和刹车踏板上的橡胶套也拆了下来，然后用小硬刷处理脚垫，一个小硬刷对应一个样品，再把扫下的东西放到贴好标签的塑料袋里。我对车辆内部进行了全面而细致的检查，包括后备厢，对所有可能存在痕量证据的地方进行了取样。我通常会检查车底盘，但这种做法不适用于本案，因为车辆根本就没有出现在犯罪现场。它停在路边，而凶手押着受害者步行到了英格兰东南部森林深处的小岛上。

我用一下午的时间对车辆内部进行了彻底的检查。警察们抽着烟，在烟雾中转来转去，显得很无聊，他们希望我能够继续工作，然后好离开这里。当我检查完，宣布要离开的时候，他们都微笑地看着我。现在，我们需要当地的警察来配合我们的调查工作，但事实上，他们对我们一丝不苟的做事方式有点抵制。前面我曾提过，不同地区的花粉和孢子可能在组成和含量上具有相似性，所以了解各种证物上的孢粉图谱至关重要。为了把从嫌疑人待过的地方获得的孢粉图谱与树林埋尸地的分开，我要去主要嫌疑人在阿尔巴尼亚的家里采集样品，我们的联络官已经告诉了他们。

我们两个国家在法医检测方面存在天壤之别，我们完全无法说服当地警察相信我们的检测方法。他们简单地拒绝了把我带到嫌疑人居住的偏远村庄的请求。在英国本地报道了这起凶杀案后，嫌疑人就逃回了这里。死者家距嫌疑人的家仅几百米远，两家之间现在有了致命的仇怨。村里人都知道这件事。

这些警察的抗议就像冰雹一样不断地落下。

"村子离这有几英里远，那里的交通状况非常糟糕，其实你根本没有必要这么做。我们甚至不相信能在村庄与坟墓之间建立起联系，这样做没有意义——这种做法很愚蠢，这要花费我们一整天的时间。""我们把她带到城里转几圈，这样她就晕了——她不会知道这有什么不同。"

道格只是咧嘴一笑："哦，不，她什么都知道。"

经过一番交涉后，第二天早上，几辆破旧不堪的车组成了一个车队，朝着那个偏僻的小村庄进发。

我虽然不知道他们要带我去哪里，但知道这段旅程真的很折磨人，几乎让我丧失了活着的勇气。当这支奇怪的车队在村子的土路上颠簸摇摆时，车身后扬起了浅黄色的滚滚尘土，人们的目光从四面八方袭来。有人站在田野里转过头看向我们，有人透过窗户向外窥视我们，有人站在门口目不转睛地盯着我们。我们终于到了主要嫌疑人的家。这时，他已经被关押起来了，就在我们前一天参观的那所监狱里。一想起那所监狱，我就开始担心他的就餐问题，因为他出生的地方离地拉那实在太远了。我怀疑不会有很多人去看望他，那他能吃什么呢？这个想法并没有在我的脑海里萦绕很久，随后我就看到了一间整洁的、布置精美的农舍，这让我感到很惊喜。院子里布满了藤蔓，前面的空地里上也长满了蔬菜。不一会儿，很多人不知从哪儿冒了出来。

处于不同年龄段的几个人，个个看上去饱经风霜、疲惫不堪。他们在一群皮肤呈橄榄色的孩子的簇拥下，默默地向前移动。领头的是位老年人，有50多岁。每个人都穿着日常的工作服，男人下身穿了条褪色棉裤，上身穿着旧的马球衫，并在外面套了件宽松的皮背心；女人下身穿了条单调的棉质长裙，上身穿了件褪色的宽松上衣。女人们头上都戴着头巾，遮住了后脑勺和长发。孩子们穿的似乎都是旧衣服，并不合身，看起来非常不协调。我把这些安静的小男孩儿与我们国家那些注重时尚、要求很高的男孩儿进行了比较，差别是明显的。这个可怜的家庭仅能勉强糊口，他们的指甲很脏，我们从这儿能看出他们为了生存付出了多少努力。我现在能理解那些移民的绝望了，因为死者把他们想要寄回家的钱给挥霍了。

因为家中的长子涉嫌谋杀邻居的儿子而被关在监狱里，很明显，这个家庭现在过得很艰难。他们都围在我们身边，嫌疑人的父亲则建议我们去堂屋了解情况。我们为什么会出现在这里？这和他们有什么关系？他的儿子在监狱里，但他"并没有做错什么"。当户主被告知我想问一些问题时，周围出现了令人不安的停顿。通过他们的肢体语言和面部表情，我知道我才是问题的症结所在。在这里，女性不能在房间里与男性一起讨论。但是，除我之外，没人知道需要准备些什么，我是唯一知道什么问题需要被回答的人。当大家了解了这个情况后，认为我是他们的客人，应该被授予"男子身份"。男子身份……我在心里感叹。

我们跨过了门槛，进入了堂屋，这里就像医院一样干净，所有的东西都被擦得一尘不染、闪闪发光，连地板也不例外。我们面前的桌子上铺着一块很旧但非常漂亮的蕾丝绣花布。不一会儿，他们拿来了杯子，又端来了咖啡。英国警察、阿尔巴尼亚警察、嫌疑人的父亲和我围坐在这个特别小的房间里，妇女和儿童都挤在门口，不敢跨过门槛。

阿尔巴尼亚警察、翻译和嫌疑人的父亲立刻开始交流。我不知道他们在说什么，但他们不断比画着，似乎越来越生气。我打断了翻译的指责，男人们的头猛地转了过来。显然，一个女人的声音出现是令人吃惊的。

"我来这里只是为了找出真相。如果你的儿子是无辜的，那么我可以保证他不会被定罪。我不支持警方，我是中立的。"

当然，我说的是事实。我经常想，我只有用自己的真诚才能安抚在场的每个人。嫌疑人的父亲看着我，显然，我说的话触动了他的心弦。他说他会帮助我们，以便我们能发现他的儿子是无辜的。我感觉心里像是压了块石头，一天都沉在那里。

我向他们解释说，我需要从花园的土壤里采集一些样品，然后将其与从犯罪现场的土壤中获得的样品进行比较。他们深信自己的儿子是无辜的，所以竭尽全力地帮助我。当我蹲在花园的小径上采样时，孩子们看着我的一举一动，然后每个人手捧鲜花，面带微笑，轮流向我走来。我很难受，感觉那块石头已经卡到了喉咙里。他们是一群可爱的人——简单而又朴实。他们与我在城里和监狱里所遇到的那些人不同。我很少与涉案人员的家庭接触，因为这会让我产生同情，甚至因同理心而偏袒嫌疑人，这是危险的，会导致认知偏差。潜意识里，我希望他是无辜的，但我必须不惜一切代价避免这种心理。虽然这很难，但我必须保持一颗公正的心。

我已经在嫌疑人家里采集好了对照样品，然后询问最近的林地在哪里。嫌疑人的父亲抬起手臂，我的目光追随着它，他最终指向了地平线上那座陡峭的山脊，它似乎非常远。为了能在法庭上提供令人信服的证据，我必须把房子附近林地里的物种都罗列出来。据我所知，大学里不可能有物种列表，虽然之前我曾在网上搜过这个国家植物学和植物群落分布方面的知识，却什么都没发现。没有别的办法了，我们必须去那里，这样我才能评估环境。我们和那位惶恐不安的父亲寒暄了几句之后就向着远处的山脊进发了。车队不停向前走着，我则一直盯着周围的植被。过了一会儿，我们终于到了山上，那里的风景非常优美。我本想独自一人轻松地在这里研究植物，就像度假一样，但事实上并非如此。我们开车赶了好几英里的路，他们偶尔才会让我下车。当我回来时，笔记本里已经写满了各种文字信息。不过，最引人注目的是小农舍，以及它周围的植被，因为在组成和分布上，它们与犯罪现场周围的植被完全不同。

为了消除一切干扰，我还要做最后一件事。我要检查嫌疑人家里的鞋子，然后得出它上面的孢粉图谱，再将其与从犯罪团伙成员、主要嫌疑人和犯罪现场所采集的孢粉图谱做对比。在翻译的陪同下，道格向嫌疑人的家人询问是否可以购买他们日常生活中在农舍及其周围所穿的鞋子，如运动鞋、靴子等。最后，主要嫌疑人的妹妹给了道格一双很脏的鞋子，道格则给了她一笔钱，这笔钱足够她买双昂贵的高跟鞋。现在，我又要处理和分析新样品了。我能够排除所有的可疑证物吗？是否有证物与犯罪现场的样品有相似之处呢？那么，这是否意味着要进行更多的审查呢？

最初的检查结果非常有价值。从鞋子上获得的孢粉图谱与从犯罪现场获得的孢粉图谱没有相似之处，可以不用再考虑它了。在实际的结果分析中，花粉和孢子本身的状态，以及它们所处的背景，对筛选样品具有重要作用。如果所有的颗粒在一种土壤中被完好地保存下来，而在另一种土壤中则被严重腐蚀，那么表明，这两种颗粒的来源不同。内燃机中的飞灰颗粒，大量的真菌菌丝，或残留的纤维素和木质素，都有助于确定样品的特征。花粉和孢子并不是唯一重要的地点标志，载玻片上的背景也十分有用。

许多样品不需要进行全面分析，但有些样品除外，比如混合落叶林地中的欧洲蕨，其中的每项都要经过复杂的计算。

我在车上发现了一个与我从犯罪现场获得的花粉图谱非常相似的样品，它与我在阿尔巴尼亚采到的任何样品都不同，这一点让我感到十分惊讶。即使有所发现，我还是很担心，因为它的花粉图谱非常奇怪。令我非常困惑的是，我在嫌疑人的妹妹卖给我们的鞋子里也发现了这类花粉图谱，它与汽车中的样品和犯罪现场的样品非常相似，这究竟是怎么回事呢？在她生活的阿尔巴尼亚土地上，我找不到与鞋子上的花粉图谱相似的环境。我要做的工作还有很多。我们又从嫌疑人家里的另一位成员那里买了双鞋，而且我还要把这双鞋子带回英国。检测结果很明显，这双鞋子上的花粉图谱与嫌疑人父亲花园里的花粉图谱一致，而与赫特福德郡的林地没有半点相似之处。

我把这件事上报给了警官，经过调查，他们得到了一些有趣的信息。妹妹说那双鞋子是哥哥给她的——最后一个证据找到了。我们从这儿可以看出，她的哥哥曾穿着这双鞋去墓地，虽然此时距案发已经过去很久了，但它们身上仍然留有林地的印迹。我想，他把鞋子给妹妹后，她要么只在家里穿，要么根本就没穿。如果她穿出去的话，我就能检测出阿尔巴尼亚农场的花粉图谱。现在，我只能推断，嫌疑人在离开犯罪现场后，就钻进了他的车里，回到了他在伦敦的家，然后很快就又回了阿尔巴尼亚。我经常在高速路上长途跋涉，知道那种渴望到达目的地的感觉，并知道在长途驾驶的过程中，人们的鞋子会接触城市的街道、铺石路、柏油路，以及地毯或室内地板。这些地方没有孢粉，鞋子上什么也不会沾上。

我向警方出示了一份调查报告，虽然报告在某些方面还有缺陷，但它清楚地显示出，主要嫌疑人的几名同伙所穿的鞋子，要么到过犯罪现场，要么去过某个类似的地方。那辆车的脚垫和脚踏板上沾满了他们从树林里带回来的生物的痕迹，正是这辆车把受害者送到了死亡之地。此外，与埋尸地相关的很多事情都可以解释清楚了。有好几名阿尔巴尼亚非法移民参与了此次谋杀，因为埋尸地是早就挖好的，然后他们又将土填回去，接着再重新挖开，最后才将死者埋了进去，而且至少有一人去过埋尸地两次。从花粉图谱的结果来看，与嫌疑人、他的同伙和犯罪现场有关的证物是几双鞋和一辆车。这些花粉和孢子肯定不是来自阿尔巴尼亚的，因为从阿尔巴尼亚获得的花粉图谱与从犯罪现场获得的花粉图谱完全不同。

因为这名嫌疑人已经被抓进了地拉那的监狱，而且所有的证人都不想再去那里了，所以审判就在英国举行了，但这场审判的主持人是4位阿尔巴尼亚法官。当4位法官走进房间时，我已经在陈述证词了。其中 3 位（一位是女性）看起来严肃且认真，而另一位穿着闪亮的蓝色西装，打着花领带，带着微笑，似乎很有魅力。我后来得知他是位资深法官。他们的个子都不高，且比较胖，穿着非常老式的衣服，随着审判的不断进行频频点头。而不苟言笑的三人看起来越来越像强硬、严肃的政府官员。

因为每件事都必须被详细且准确地翻译出来，所以我的证言既缓慢又单调。他们向我提了许多问题。显然，他们并不太接受孢粉学、植物学和土壤学方面的证据，这完全不符合他们以往的庭审经验。最终，嫌疑人被判有罪，虽然没有陪审团，但他的刑期还是很长。我总觉得有什么不对劲，直到我离开法庭才恍然大悟：他们对我进行了审问，虽然不是那种针对罪犯的盘问。而且，被告的辩护律师好像并没有出席庭审。后来我才知道，一位男性法官代表了被告——他竟没向我提出任何异议，这简直太不可思议了。虽然从孢粉学的角度来看，这名阿尔巴尼亚非法移民的犯罪证据是确凿的，但我离开法庭时却感到非常不舒服。整个审判过程实在太简单了。在我所经历的每次庭审中，我的举证都伴随着被告律师的质证，以至于我不得不通过专业知识来反驳他，这也使我的技能得到了磨炼。在英国，我从未见过这么草率的审判。

我回想起那片安静的林地，那个被小溪围着的小岛。当死者挥霍了他们的钱财后，凶手就预谋好了一切，这不是他们的一时冲动。在死者遇害前的几个月，凶手不仅为他精心挑选好了墓地，还挖好了墓穴。凶手认为他们选的地方非常偏远，应该不会有人发现，却忽略了那些无处不在的英国遛狗者。

　　当我驾车离开法院时，我的思绪仍不断飘回到地拉那的那个监狱，以及那些妇女提着装有为监狱里的亲人准备的食物篮子的情形。在这种情况下，我们这位非法移民该怎么办？我觉得他与那只小猫的境况相差无几。

·第十四章
一位法医生态学
工作者的独白

当我们不能通过DNA技术或指纹技术获得有利的证据时，就必须依赖法医生态学。法医学中最重要的3种痕量证据就是指纹、DNA和纤维。花粉、孢子和其他微小颗粒也能提供证据，一旦法医人员通过合理的调查手段获得正确的孢粉证据后，它将非常有力。

读万卷书，不如行万里路。对于生态学家来讲，野外考察是必不可少的，野外是最重要的信息库。我有许多令人兴奋的回忆：躺在石楠丛或蒿草丛中，看着云雀从地面一跃而起，掠过天空，在高空中婉转歌唱，再俯身冲回大地。一眼望去，酸沼草在微风的吹拂下荡起层层的紫色波浪，石楠灌木沐浴在温暖的阳光下，草丛是昆虫的天堂，它们在里面嬉戏、觅食，我耳边总是响起嗡嗡的声音。有时由于穿着防水服，我在里面汗流浃背，汗水浸透了衣服的每个角落，头发紧贴着头皮，湿漉漉的袜子在靴子里咯吱咯吱地响，身上的字条也已被汗水浸湿，上面的字迹早已模糊不清。但是，在现实生活中，一个人怎么才能看到别的东西呢？

　　想发现那些痕迹线索，最好的方法就是去野外考察。通过步行、攀岩、爬山和涉水，穿过沼泽、沟渠、田野、林地来增加野外工作经验，磨炼、提升自己的技能。从哈德良长城到庞贝古城，我曾花费数年的时间，不仅参观这些考古发掘现场，还设法从土坑、沟渠或其他地方找到有价值的样品。虽然这些地方很脏，但通过传授知识并督导那些想要学习新技能的年轻人，我也能得到我想要的东西，同时不会弄脏自己。有一次，我穿着一件白色的毛衣去了考古现场，而当我走时，它仍然干干净净，为此有些网站还嘲笑过我。

当我发现其他从事法医孢粉学工作的同行时，我已经独立地创造了自己的法医生态学分支。那时，我已经成功地处理了几个案例，为工作的各个方面制定了一个最佳的实践准则，并且将我的工作编写成书的进程也很顺利。当我发现这些同伴时非常开心，并最终联系上了他们。令我吃惊的是，我认识多年的英国同行托尼·布朗也曾处理过一些案子，但他是位忙碌的大学教授，还有其他事情要做。以前我们并没有合作过，这是非常令人遗憾的。还有新西兰的达拉斯·米尔登霍尔，多年来他一直参与法医工作。后来，我通过他认识了得克萨斯州的一位教授——沃恩·布赖恩特。值得一提的是，即使我们面对同一类型的案子，运用的检测方法也不相同。多年来，我们逐渐成为亲密的笔友，在对方遇到困难时给予尽可能多的帮助。我去新西兰见过达拉斯，他也到英国找过我几次。虽然我从未见过沃恩，但我们经常互通信件，所以我和他成为互相非常了解的朋友。

在法医孢粉学的研究领域中，我是唯一一个经常去犯罪现场和停尸间的人。一开始，我只是想当然地认为，警察会去犯罪现场收集信息，为了防止他们改变现场或污染环境，我应该尽快地赶到现场。因为我天生具有很强的说服力，而且在整个调查过程中坚持亲自动手，所以这让我不仅拥有很多警察同事，还拥有很多法医领域的同行。警察们往往都会接受我的建议，并不会与我争吵。通过这种方式，他们在一定程度上促进了这门学科的发展。与此相比，我的外国同行却从未与警察这样相处过，这可能是由于不同国家在警察机构的组织和设置方式等方面存在不同。当然，这也可能是由于我们之间的性格差异。处理案件时，我似乎有一个铁胃，在面对各种可怕的景象、气味，以及各种难以想象的腐烂和残缺的尸体时，它依然能够正常运转。对我来说，尸体是一个有价值的证据来源，我们可以采取一些措施，将尸体的价值发挥到最大。最重要的是，我有坚毅的性格，使我不仅能够面对一些充满敌意的警察、检察官和律师，还能应对庄严肃穆的英国刑事法庭。

往事如烟，一切都变得模糊不清，那么我是如何走到这一步的？我从未规划过自己的生活，虽然很多人都不相信，但我并不是一个有野心的女人。我只是被动地接受了发生在我身上的一切，从未主动选择过。在成为一名法医生态学家之前，我从事过很多工作，实验室研究、植物学教师、野外考古，这些工作经历使我掌握了很多知识和技能，为我后来的工作打下了良好的基础。我学术生涯的大部分时间是在大学中度过的，我还在学生身上学到了很多东西，这是一个不争的事实。我在伦敦大学学院全职工作的最后 6 年的时间里，开设了一门关于法医考古学的理学硕士课程。该课程不仅具有严谨的理论性，还具有很强的实践性和可操作性，为此，我还组织了班级轮转。在轮转的过程中，每个学生都要陪我去犯罪现场或停尸间，充当我的助手。他们第一次体验了真实的生活，同样，这也能区分出哪些人能够从事这项工作，哪些人不能。对我来说，整个教学过程充满了挑战和乐趣，我想学生们也有同感。但现在回想起来，一切似乎都是很久以前的事了。现在，我仍在英国的大学里做讲座，并周游世界，我在23个国家举办过讲习班和讲座。在过去的几年里，我曾去过秘鲁、哥伦比亚和印度，还去了两次中国。

从开始到现在，我的生活非常忙碌，但也非常充实。我很少有时间去做一些自己想做的事情，比如弹钢琴、缝纫、手工艺、绘画、烹饪和园艺。虽然这些都是孤独的消遣，但往往都有回报。当我疲于应对各种会议时，它们就是我枯燥生活的解药。每天我都告诉自己，今天我要好好地放纵一下，但最后通常都会坐在电脑前，处理一些问题或其他事情。我仍然有工作要完成，有论文要发表。随着年龄的增长，以及不断有人逝去，我的职责也在变大——要为期刊编辑论文，评议书籍和论文，检查别人的文章。对我来说，当地政府则是我工作的地方。作为一名独立议员，我在地方选举中获得了很多选票，这让我感到非常惊喜。现在，我是当地地方议会的一名内阁成员。我永远不可能归属于任何国家政党，因为我想表达自己的观点，反映选民的观点。因为我还做着"环境卫生和服务"方面的工作，所以很难兼顾到所有的工作。环境卫生和服务工作似乎涵盖了一切，包括垃圾桶、许可证、空气污染、水污染、土壤污染和鸽子粪便污染，以及介于两者之间的所有一切。

我讨厌我上的那所文法学校，但我之所以成为广播和电视中那个幽默风趣的受访者，主要得益于它的教育。它甚至教会了我屈膝礼，当我受邀与女王和菲利普亲王共进午餐时，这点就派上了用场。那所文法学校还向学生们灌输了一种极为夸张的责任感。我经常和我的老同学见面，这么多年过去了，他们看起来还是老样子。我们在那个纯真的年代里一起成长，值得庆幸的是我们似乎还保留着那时的一切。我的生活与这些年来给我留下深刻印象的罪犯和受害者的生活相比，具有鲜明的差异。他们中一些人的遭遇非常值得同情。有些人的生活一开始就很糟糕；有些人则是没有接受到好的教育；有些人是家庭和环境的受害者，或者是由于遇人不淑，或者是当局的牺牲品；有些人则是真的非常邪恶。

在过去10年左右的时间里，英国政府的变化引起了司法环境的变化。过去，我们有政府管理的英国法庭科学服务部，该部门几乎处理了所有的警察案件。后来，政府允许公平竞争，一些英国法庭科学服务部的前雇员成立了自己的公司。起初，这些私营机构是为了给那些面临起诉的人提供良好的辩护，但后来它们的工作扩展到了起诉领域。这些早期的企业家努力接触各种新学科和新技能，并将它们应用到日常的工作中。他们委托大学里的工作人员，以及任何拥有特殊技能的人进行法医分析。

随后，"明智"的政府认为英国法庭科学服务部必须具有一定的竞争力，打算将其打造成一家上市公司，且由自己充当主要股东。天啊，这真是一场灾难。从本质上来说，他们试图商业化运作一个行政部门，但是对于英国法庭科学服务部来说，它的那些繁文缛节根本就无法快速应对突发状况。最后，科学家们解散了，许多人都成立了自己的公司。那么，现在是什么情况呢？我们有两三家大型商业服务供应商，他们的目标是与警察签订合同，并提供一站式服务。

很明显，这些供应商不可能提供工作所需的所有技能服务，所以，他们会委托外部人员为他们服务。只要能与警察签订合同，就意味着他们具有调查权。但是，他们的技术合格吗？这又是另一回事了。据我所知，他们有时也会雇用一些经验不足的人，曾经有几次，我将关于证据的评估和意见提交给了辩护律师，却被撤了回来。我也看过一些关于法医孢粉学和土壤分析的报告，里面的内容非常怪异。警方决定自行开展法医工作，他们有些人还在自己的实验室里雇用了以前英国法庭科学服务部的员工。可以想象，面对如此混乱的法医检测工作，某些地方的涉案人员可能会想起诉他们。我想知道那些内部的科学家们是否曾经为了得到所谓的"正确答案"而备受压力。当警察们确信嫌疑人有罪时，会非常渴望将嫌疑人绳之以法，那么此时他们是否会存在认知偏差呢？在这种情况下，人们只能期望它是不存在的。法医科学家都应该接受职业道德培训，以确保他们报告的公正性。

美国电视剧《犯罪现场调查》的收视率非常高。当然，该剧中的很多场景都是虚构的，犯罪现场协议、实验室分析、时间线和结果看起来都很假，而且有点愚蠢。但是，这部美剧确实激发了大家的想象，也促使很多大学开设了法医化学实验课，因为大学的负责人意识到此举是可以挣钱的。现在，"法医"成了一个非常迷人的词汇，越来越多的"法医科学家"被培养出来，造成了供大于求的局面。在撰写本文时，我和几位同事发现，英国法医领域的整体局面有些令人沮丧。在大学开设的课程中，数百种学科里都出现了"法医"这个词。而那些基础科学——植物学、动物学、化学、生物化学和数学，现在发展得怎样了呢？如今，在英国攻读植物学学位几乎是不可能的，而在海外，如中国、印度，甚至西班牙，植物学被视为一门必修课。我们从海外招聘了越来越多的植物学人才。

现在每个人都在学习DNA，但即便是DNA技术，也会造成一些严重的错误。虽然实验室检测阶段也会出现一些错误，但错误的影响还是相对较小的。近年来，由于法医们在DNA结果的解释上存在一定的纰漏，出现了一些严重的误判，这很可怕。然而更糟糕的是，DNA技术的优点也变成了它的缺点。现代技术具有高度的敏感性，人们仅通过几个细胞就能获得DNA序列。因此，一旦样品被污染，那么后果将不堪设想。即使实验室的检测技术无懈可击，那么在犯罪现场检测到一个人的DNA就意味着这个人曾经去过犯罪现场吗？很明显，答案是否定的，因为DNA很容易被转移。最大的问题就是要弄清楚它是什么时候从主要来源转移到了次要来源，甚至发生了第三次转移的。当我们和朋友见面时，或者在地铁上挤来挤去时，我们的DNA就会不断地交换，从这里很容易就能看出，那些无辜的人是怎样卷入犯罪案件的。虽然检测人员会使用计算机程序对DNA结果进行复杂的统计分析，但它们同样也会产生问题。解释 DNA 数据的人可能并不知道数据分析中发生了什么。毫无疑问，DNA 技术非常先进，是很多人智慧的结晶，但人们也认识到，它的可信度并不是 100% 的。

当我们不能通过 DNA 技术或指纹技术获得有利的证据时，就必须依赖法医生态学。法医学中最重要的 3 种痕量证据就是指纹、DNA 和纤维。花粉、孢子和其他微小颗粒也能提供证据，一旦法医人员通过合理的调查手段获得正确的孢粉证据后，它将非常有力。我不知道孢粉学是否会幸存下来，成为未来法医领域的一部分，但就目前来看，英国大学里并没有很多植物学家或真菌学家。

我经常会收到一些海外邮件和信件，发信人既有学生也有科学家。他们问我是否愿意指导他们，或者他们是否能够和我一起工作，如果可以，他们就能够掌握诀窍。但当你告诉他们需要孢粉学或植物学的博士学位，并且有多年的工作经验时，他们就会放弃。在投身于法医职业之前，我曾担任了多年的研究员和讲师。我已经做好了准备，可以制定出一些能够直接执行到法庭级别的策略。我不是一个"学习者"，只是修改了那些我已知的东西。我的那些法医孢粉学领域的同行——得克萨斯州的沃恩·布赖恩特和新西兰的达拉斯·米尔登霍尔，他们都是终身科学家，只是在自己职业生涯的后期才进入了法医领域。我们都已经过了退休的年龄，尽管我觉得这很难令人相信，但我确实也如此。这工作不适合初学者。

我从来不认为自己退休了。对我来说，退休是个很奇怪的概念。如果你还有一些未竟之事，那就去做。我认为我的知识和技能非常有用，而且非常乐意分享它们。有时我觉得自己做得已经够多了，虽然还在接案，但绝不打算像以前那样高强度地工作，把自己的余生都托付给破案工作。生活？我没有生活，我甚至不太了解我的邻居。事实上，我总是痴迷于工作，这令我为数不多的几个好友非常懊恼。

法医生态学或任何一种生态学的迷人之处在于，人们需要永无止境地学习。每个样品都有惊喜，从载玻片托盘到显微镜载物台，这个过程总会让人肾上腺素飙升、激动不已。这迫使大家开始进行更多的调查。我们总是要对很多未知的东西进行观察、记录、测量和解释，因为自然界是广袤无垠的。我职业生涯的第一份工作是寻找过去，这意味着我要挖掘沉积物和土壤。而法医工作则注重现在，着眼于犯罪现场的表面。唯一可预测的一点就是大自然的不可预测性。人们为了执行一项特定的工作，可以起草普遍的规程、最佳实践指南，但永远不可能构建一个适用于一切场景的万能模型。所有的一切都必须重新开始。

处在特定年龄阶段的人都有一个共同的幻想，那就是重新开始自己的生活。但光阴一去不复返，你永远都只有一次机会。这虽然是陈词滥调，但也是生活的真相。我从未规划过自己的生活，一切都是顺其自然的，如果再给我一次重生的机会，我会做一些改变吗？毋庸置疑，答案是肯定的。当我还是一个爱做梦的年轻人时，曾梦想着当一名芭蕾舞演员、一名钢琴家或是一名科学家。我想我选择了三者中较差的那个，但是回顾我的一生，我觉得律师是最适合我的职业，我应该成为一名御用大律师——穿上丝质的律师袍。我不想成为一名普通律师，因为无论资历高低，他们都会被统称为初级律师，而御用大律师甚至能够影响陪审团做出无罪或有罪的裁决。在英国、美国和许多英联邦国家，法律体系是具有对抗性的。从我的经验来看，控辩双方都在不遗余力地争取胜利。控方以警察的名义起诉被告，而辩方则扮演盾牌的角色，应对任何探查性的问题。如果你做得很好，给出的证据强而有力，但对方却试图诋毁你的人格，那他们就把一切都搞砸了。

我一直都很喜欢法庭辩论。在辩论过程中，所有的证据都会被仔细地审查和质疑，在此过程中，人们需要"独立思考"：律师质疑，证人回避，然后律师反驳。有时这个过程会持续一段时间，这取决于证人的自信心及其情绪的稳定性。有时，聪明的律师会在开庭陈述时就毁掉证人。幸运的是，我从未经历过这种事情，不过，有经验的专家证人总是会做好最坏的打算。那些做足功课的律师才是最好的律师，或者他们至少有勤奋的后辈们为他们做功课。然后，这些律师再把他们精心准备好的剑刺入敌人的要害。但是，如果你是真正的专家，他们就永远不可能有足够的知识来打败你，因为很多时候，律师并没有做好充分的准备。

有些人似乎对整个案件有个模糊的概念，并根据控方证人的信息提出他们的"主要证据"。最好的情况是当我提交报告后，律师要求与我见面，并与我共度出庭前的时光。最坏的经历发生在伦敦中央刑事法庭对一起谋杀案的审判中，当时的报告是我以往所做的报告中最短的一份，但在我宣誓前，御用大律师根本没有读过我的报告。因此，在审问开始前的 5 分钟，我不得不站在公共大厅里向律师解释我的证据。我对此感到既困惑又愤怒，因为这份报告是我几个月来辛勤工作的结果，然而律师不会因为懒惰而进监狱——那是被告的特权。

我见过不同方式的死亡——绞死、毒死、刺死，以及因窒息和残害而死，还见过在不同地方和条件下被处置的尸体。对我来讲，人死后就不再是人了，尸体就是个空瓶子，里面已经不具备使其成为人的任何东西。我们把空瓶子扔进垃圾箱，除保护地球环境外，别无他想。同样，从古至今，人类的尸体也在接受着同样的待遇。只不过，社会规范要求我们为死者举行复杂的仪式，而这些仪式与举行者和死者的亲密程度无关，这都是可以观察到的。

我的一些好友在过去的几年里相继离世，每当我出现在他们的葬礼上，站在那里默哀、吟诵赞美诗、模仿别人低头祈祷时，常常问自己：我到底有多在意棺材里的那具尸体。我们想留住的是那些美好的回忆和时光，但是尸体有什么意义呢？虽然可以这样说，但也有例外的时候。我非常在意我外祖母的和我养过的每只宠物猫的尸体。为什么呢？我想这可能是因为我熟知它们的身体、它们的气味以及与它们亲密接触的感觉，这些都是珍贵的回忆。虽然这样的想法并不理智，但我承认我曾有过这样的感受。

为了维持生命，我们会将食物（如肉类和蔬菜）中的分子转化为自己体内的分子，而人死后，身体又会降解成分子。这些被释放的分子又被其他生物吸收，生命从而得以延续。尸体的降解速度与它的处理方式有关，埋在地下的尸体分解较慢，留在地表的尸体分解较快。如果尸体被火化的话，几分钟之内它就会化作灰烬。我们将死者的骨灰撒在林地里，他就会彻底"转世"。骨灰中蕴藏着很多元素，这些元素会被林地里的细菌、真菌、无脊椎动物和植物根系吸收，因此他的生命能在林地里得以延续。他会同时变为圆叶风铃草、橡树和可爱的甲虫，那简直太棒了。无论你是否接受这个想法，这就是事实。

我觉得这个想法非常有吸引力，我和我的丈夫火化后的骨灰将混合在一起，然后撒在同一个地方，这样我们就有可能变成同一棵树或同一棵圆叶风铃草。多么奇妙啊！当树或风铃草枯萎、腐烂后，我们的分子会被再次释放，然后再被其他生物吸收。只要地球还在公转，构成我们身体的这些元素就会存在。

对我来说可悲的是，我死了就是永远消失了，我将永远无法知道以后的事。我没有纪念碑，也不会自负地认为，在我最亲近的人都去世后，还会有人记得我。不会有人去墓地为我沉思。我不喜欢诗歌，虽然觉得格雷的《墓园挽歌》很感人，但不会立墓碑，因此无法感动任何人去写任何东西。我的作品和出版物将是我的纪念碑。与墓碑上那些伤感的话相比，我的文字将永垂不朽，我存在过的证据可能会在布满灰尘的老图书馆里被发现。

时常有人问我，我所接触的那些谋杀案、强奸案和其他案件是否会影响到我。其实对我来说，女儿和外祖母的死对我的影响最大。我仍然思念我的外祖母，思念她的智慧和安慰。我女儿的死则是深埋在我心中的一根刺，即使这么多年过去了，我的心仍旧在隐隐作痛。毫无疑问，她们的死让我知道，在每具尸体的背后，他的亲人都在为他的死而黯然神伤，这让我对无辜的死者报以最大的尊重和关心。虽然桌子上的尸体对我来说没什么意义，但对与他亲近的人来说意义重大，我必须时刻牢记这点。我们必须保持客观，否则很难确保工作的意义，而且不能忘记，尸体曾经也是人。

在这一生中，我从犯罪案件中学到了什么？我当然学会了一些脏话，学会了如何在内心混乱不堪时仍旧保持面无表情。而且我想我已经学会在处理问题时要非常务实，在局面复杂的情况下使用"奥卡姆剃刀原则"。虽然外界盛传我是个冷酷无情的人，但那些真正了解我的人都知道我内心柔软。我不想伤害任何人，当然也不会杀死任何不必要的东西。我不喜欢那些懒惰、不诚实、自私、控制欲强的人，所以要求自己尽可能做到绝对诚实。我想做个好人，但至于我是否实现了我的愿望，要看大家的评判了。我希望大家认为我是个一丝不苟、勤奋工作、乐于助人的人，最重要的是认为我是个善良的人——虽然这不是墓志铭，但也非常可敬。

我想知道自己的身后事是什么样子的。我不想举行悲伤的葬礼，当我觉得自己快不行的时候，会用幻灯片来向大家告别。希望那时我的大脑仍能继续运转，我想躺在家里的床上，躺在丈夫温暖的臂弯里，然后安详地闭上双眼。我非常感谢此生能遇到我的丈夫，他是我生命的支柱和快乐的源泉。

致谢

　　在我孜孜不倦地学习法医生态学知识的过程中，很多人给我提供了帮助，让我感激不尽。我要感谢的人有很多，首先，我要感谢我亲爱的丈夫戴维·霍克斯沃思教授，他被授予大英帝国二等勋位爵士，且在各个方面都为我提供了帮助和鼓励。我还要感谢和我一起工作多年的朱迪·韦布博士，她在花粉鉴定方面才华横溢，推动了法医孢粉学的发展。我还要感谢凯文·爱德华兹教授，他是我的老朋友、同事和最严厉的批评者，并时刻提醒我要保持高标准。我还要感谢彼得·墨菲，我最亲密的朋友和同事，他虽然不愿意进入这个领域，却让我的工作变得轻松愉快。感谢伦敦大学学院考古研究所为我提供的完备设施；感谢知识渊博的桑德拉·邦德提供的技术支持；感谢我的同事们，尤其是理查德·麦克费尔博士和已故的戈登·希尔曼教授，他们给我带来了智力支持和生活乐趣。无论是作为学生还是讲师，我都无法忘记我在伦敦国王学院度过的时光。在教职工彼得·穆尔博士、比尔·布拉德比尔教授、已故的弗朗西斯·罗斯博士和已故的阿瑟·贝尔教授的启发性教导和关心下，我学到了很多知识。阿瑟·贝尔教授在成为邱园的园长后还一直给予我帮助。我还要感谢格洛斯特郡大学的弗兰克·钱伯斯教授和约翰·丹尼尔博士，以及南安普顿大学的托尼·布朗教授，他们为我的工作提供了帮助。当然还有很多学生，我从他们身上也学到了很多东西，他们中有些人已经成长为杰出的人才。尤其重要的是，我要感谢这么多年来与我合作过的警察，他们都非常聪明、精干，特别感谢总警司保罗·道克利，他给我提供了第一份法医工作；警长比尔·布赖登，他是大英帝国勋章获得者。我还要感谢非常肯定我工作的道格·贝恩，以及最善良的警长雷·希金斯。